...noch 'n
Ossi-Buch...
(s., Weihnachten '97)

Frank Quilitzsch
Ein Thüringer
in New York

Frank Quilitzsch

Ein Thüringer in New York
und andere Merkwürdigkeiten

Illustrationen
NEL
Ioan Cozacu

RHINOVERLAG
ARNSTADT & WEIMAR

Inhalt

Das Leben wird zur Scheibe

Stolzer Deutsch

Es begann damit, daß mein Blick zufällig auf ein T-Shirt mit dem Aufdruck fiel: „Ich bin deutsch, ein Stolzer zu sein." Sieh an, dachte ich, das bist du auch. Aber was für ein Stolzer? Ein West-Stolzer oder ein Ost-Stolzer? Da ich in Oststolzland geboren bin, gehöre ich leider nicht zu den besseren Stolzen. Wir hatten schließlich eine stolze Diktatur. Aber wie man weiß, konnte selbst die Mauer unsere stolzen Gemeinsamkeiten nicht spalten. Ob in der Stolzen Demokratischen Republik oder in der Bundesrepublik Stolzland, stolz blieb immer stolz. Wir hatten zwei stolze Hymnen, zwei stolze Olympiamannschaften und je eine Stolze Reichs- beziehungsweise Bundesbahn. Bei jeder Gelegenheit sangen wir dieselben alten stolzen Volkslieder. Und, bitte schön, war die eine Post vielleicht stolzer als die andere?

Dennoch, erst in unserem vereinigten Stolzland kann mein Stolzsein so richtig stolzen. Vor allem gegenüber den Nichtstolzen. Die schleichen sich über unsere stolze Grenze und nehmen uns die Arbeit, die Stolze Mark und am Ende sogar die stolzen Frauen weg. Dabei sollten die erst mal richtig Stolz lernen! Aber nein, sie verschmähen unsere stolze Kultur, wissen unsere gute stolze Küche nicht zu schätzen. Und leider sind wir Stolzen im Weltmaßstab noch immer eine Minderwertigkeit, trotz unseres jahrhundertealten Stolztums. Auf große Stolze wie Siegfried, Friedrich und Helmut kann man sich im Ausland eben nicht verlassen. Dort mangelt es nicht nur an stolzen Wurzeln, sondern vor allem an stolzen Tugenden. Nehmen wir nur die Wolgastolzen. Warum wollen die sich nicht dort, wohin man sie verbannte, anständig vermehren? Haben die denn kein bißchen Stolz im Leib?

Mag ja sein, daß die stolze Sprache eine schwere Sprache ist, das begriff selbst unser Herr Duden. Trotzdem sollte man überall und noch viel mehr Stolz reden. Nicht nur im Stolzunterricht, auch in unseren stolzen Medien. Und wenn wir nicht endlich wieder stolz zu singen anfangen: Stolzland, Stolzland über... Dann gehen wir unter. Dann nämlich greift der unstolze Geist immer weiter um sich. Dann finden wir Stolzen uns vor lauter Unstolzen eines Tages gar nicht mehr wieder. Stolze aller Länder, haltet euch stolz...! Es ist und bleibt ein urstolzer Grundsatz: Der stolze Nationalismus ist der bessere Nationalismus. Darauf kann man wirklich deutsch sein.

Zahnlos glücklich

Zieh raus, was dich quält! Nur keinen Nerv zeigen. Aber der Zahn ist doch noch gesund, Herr Doktor?! - Freilich. Aber haben Sie schon mal an Ihre Zukunft gedacht? Zähneziehn wird immer teurer. Was du heute noch kannst bohren, ist schon nächstes Jahr verloren... (Seehofer, Psalm rechts oben 3/3 - Vom Schmelz der Zuschüsse zu den Krankenkassen). Am besten, Sie schließen bei mir gleich eine private Zahnpflegeversicherung ab (garantiert zwei abbeizbare Wechselgebisse bei Totalausfall). Oder... Er nahm mich freundlich lächelnd in die Zange.

Hat ja im Grunde recht, mein vorsorglicher Stomameister. Erinnern wir uns nur an den berühmten Ausfall unseres Kanzlers, die Wurzel der vereinigten Parodonthose: Wenn euch alle Zähne gezogen sind, wird es uns gleich viel besser gehen. Wie wahr! Ich spare die Bürste, die Paste und morgens wie abends je fünf Putzminuten. Wenn ich das in klingende Münze transferiere... Nur das Gurgeln nimmt mir keiner ab, den täglichen Kampf gegen meine innere Fäule.

Zieh uns raus, zieh uns raus, sonst verderben wir! - Wer verdirbt hier wen?! Hab ich überhaupt noch einen Zahn zu verlieren? Für jeden Beißer im Mund muß ich zuzahlen. Und mein kieferkranker Nachbar auch. Der kalkuliert schon lange nicht mehr in Mark, nur noch in Zahnstein: die Stromrechnung - ein Backenzahn fünfzig, das Telefon - eine doppelte Krone; neulich fragte er mich, ob er seinen letzten Eckzahn für einen Kabel-TV-Anschluß opfern solle... Andere schwören ja lieber darauf, ihre Ersparnisse in Zahnprothesen anzulegen, in Meißner Porzellanbrücken, in silbernen Inlays und schmucken Goldkronen. Man darf schließlich zeigen, was man im Munde führt.

Zwar spuckt man dann auf die Zinsen, kann aber in Inflationszeiten fröhlich aus seiner Festzahnanlage pfeifen.

Vorausgesetzt, die Wurzeln sind noch gut. Da wollte sich mein Zahnarzt in meinem Falle nämlich nicht ganz sicher sein. Die Krankenkassen, orakelte er, machten bald krank. Die würden nicht ewig zuzahlen. Und wenn erst nach der Hunde- auch noch die Mundesteuer käme...

Und er, sucht er nicht auch ein gutes Stück zum Abzahnen? - Wie bitte? Au Backe! O Lücke! Welch Glücke! Schmelz drüber, unter zonaler Betäubung hat's überhaupt nicht wehgetan.

Alle nennen mich Aschenpudel

Mag ja sein, daß wir Vierbeiner zu einem Hundeleben verdammt wurden. Auch mag sein, daß die Rollen auf dieser Erde hundgerecht verteilt sind. Der eine schnappt vor Leckerbissen über, der andere scharrt vergeblich nach einem Knochen. Von den Tritten ganz zu schweigen, die einen Poeten, den ärmsten von allen Hunden, treffen, sobald er nur den Mond anbetet. Doch will das alles nichts mehr besagen. Denn hier - alle Hunde herhören! - naht Hoffnung: Cinderella, der Aschenpudel. Wedelt sich unaufhaltsam nach oben. Natürlich im Land der unbegrenzten Hundesalons. Wo noch immer, mit etwas Fleiß, aus jedem Hund ein Millionär werden kann. Vorausgesetzt, er bellt und zieht rechtzeitig den Schwanz ein. Er darf auch betteln und winseln, ein jedes zu seiner Zeit. Wie Cinderella, der Aschenpudel. *Hund am Abend* hat den Filmstar in seiner Hollywood-Hütte aufgespürt.

Hund am Abend: Cinderella, Glückwunsch zum großartigen Leinwanddebüt. Wie fühlt man sich an der langen Hollywoodleine?
Cinderella: Hund herum wohl. Nur die Medien werden einem lästig. Neulich hat einer von diesen Boulevardreportern versucht, mir zweiundsechzig unehelich geworfene Welpen anzuhängen...
Hund am Abend: Wie viele sind es wirklich?
Cinderella: Siebenundfünfzig und ein Mischling. Aber Sie wissen ja, die Presse wühlt, bis einem der Dreck zwischen den Zähnen knirscht. Ich mag es einfach nicht, wenn fremde Schnauzen vor meiner Hütte scharren.

Hund am Abend: Reden wir lieber von delikateren Dingen, reden wir über die Kunst. Sie sind geborener Weimaraner und, so darf man wohl annehmen, der Klassik hündisch ergeben...

Cinderella: Zunächst einmal: Wir Weimaraner sind zwar eine edle und traditionsbewußte Rasse. Nur leider überall, nur nicht in Weimar, zu Hause. Allerdings wittert man, bei günstigen Windverhältnissen, den klassisch-humanistischen Geist bis Dobermann-City und Hinterhundholzhausen...

Hund am Abend: Andersherum läßt sich Ihre Fährte aber an den herzöglichen Musenhof zurückverfolgen. Sie haben, so unsere Recherchen stimmen, in Weimar nicht nur mit Herrchen Karl August Rebhühner gejagt, sondern auch als blutjunger Schauspielhund in einer Szene von Goethes „Faust" den Mephisto gedoubelt.

Cinderella: Ja, als des Pudels Kern. Das war allerdings schon meine zweite Rolle. Die erste hatte ich mit sechzehn Monaten als Stunt-Dog in Conan Doyles „Der Mensch von Baskerville". Ich durfte für den großen Star zweimal bei dichtem Nebel durchs Moor robben.

Hund am Abend: Wer mimte den beißenden Bastard?

Cinderella: Sie werden's nicht glauben, der große Arno von der Schwarzenhecker.

Hund am Abend: Richtig, bei der Oscar-Verleihung ließ er keinen an seinen Knochen. Wie kamen Sie dann später nach Hollywood?

Cinderella: Arno, dieser Windhund, hat mich apportiert. Wulfilein, sagte er, ich hätte da eine phantastische Rolle für dich. Glaub mir, damit kommst du ganz groß raus!

Hund am Abend: Und das war Aschenpudel?

Cinderella: Nein. Der Hundsgemeine hatte mir die Hauptrolle in „Lassie" versprochen. Ich fuhr zweimal zur Probe in die Prärie. Doch eines Morgens wurde überraschend umbesetzt...

Hund am Abend: Wegen Erkrankung?

Cinderella: Ach was. Eine andere hatte sich nachts in Arnos Körbchen geschlichen. Natürlich bekam sie ihre Rolle, die räudige Hündin... Ich wurde in die Besenkammer beordert, mußte nach jedem Schnupperakt die Kulissen abstauben. Gedreht wurde dreimal täglich. Sie können sich nicht vorstellen, was ich in dieser Zeit durchgemacht habe...

Hund am Abend: Wem aber dürfen Sie dann für Ihre steile Karriere die Pfoten lecken?

Cinderella: Einer göttlichen Fügung. Eines Tages - die Dreharbeiten zu „Aschenpudel" waren endlich angelaufen - stand ich mit meinem Schrubber hinter den Kulissen und war so hingerissen von der Ballszene, daß ich den Eimer vergaß. Die Hauptdarstellerin, eine neue, noch jüngere Körbchenbekanntschaft, stolperte und brach sich beide Hinterpfoten. Ich war außer mir, wischte, wischte und wischte. Plötzlich, es war wie im Film, beugte sich der Produzent über mich. Er musterte mich lange, erst streng, dann wohlwollend, dann entzückt, und wedelte mich schließlich an. Er sagte - ich werd's meinen Lebtag nicht vergessen - nur einen einzigen Satz: Cinderella, komm in mein Körbchen...!

Hund am Abend: Frau Aschenpudel, wir danken Ihnen für die Story.

Grüne Männlein

Es gibt sie, aber wie sag ich's meiner Mutter? Schon als mein Kinderbett mal des Morgens genäßt, hat's nicht an der schwachen Blase, sondern an nächtlichen Besuchern gelegen. Ein kleines, grünes Männlein flößte mir literweise wohlschmeckenden Fruchtsaft ein. In der Pubertät war's dann ein grünes Weiblein. Sie hieß Barbarella, nannte sich eine Gesandte der Wega und vertrieb mir den Schlaf mit süßen Geschichten. Eines Nachts blieb sie aus und ließ mich allein in meinem Liebesschlamassel.

Von da an dauerte es nur noch Wochen, bis ich am Straßenrand mein erstes UFO erblickte. Ein grüngrau melierter Herr vom Sirius nahm mich mit bis Niedergrunstedt. Doch damit noch nicht genug. Unlängst, in einer postrevolutionären Winternacht, erschien mir ein Steuerberater vom Aldebaran. Es kam zum Abschluß einer intergalaktischen Reiserechtsschutzversicherung (Laufzeit zwanzig Lichtjahre). Ihm folgten zwei angeschimmelte Damen (angeblich „Zeuginnen des Urknalls"), die mir unablässig aus präbiblischen Testamenten lasen. Schließlich drängten sie auf Eintritt in den Kreis der Unsterblichen. Allein die Höhe des monatlich zu entrichtenden Mitgliedsbeitrages hielt mich zurück.

Aus Rache müssen mich die Himmlischen bis in die Magellanschen Wolken verklingelt haben. Denn von nun an gaben sich bei mir die Außerirdischen die Klinke in die Hand: ein waffenhandelnder Extraterrorist, ein Vagabund von der Milchstraße, ein schuppiger Haarwasservertreter vom Proxima Centauer, sogar eine schöne, schlitzohrige Börsenspekulantin aus dem Andromedanebel... Wie bitte? Sie glauben mir nicht? Sie meinen, ich hätte nicht mehr alle Untertassen im Schrank? Fragen

Sie doch den Erich. Den von Däniken, meine ich. Der kennt unsere lieben Sternenbrüder und -schwestern schon seit Urzeiten. Und wird bezeugen, daß sie uns auf Schritt und Tritt unter ihren Tarnkappen hervor beobachten.

Nein, ängstlich sind sie nicht. Es ist nur nicht die Zeit, offen sein Gesicht zu zeigen. Deshalb verhalten sie sich in bestimmten Situationen zuvorkommend reserviert. Scheuen jede nährere Bekanntschaft. Seit ich als extraterrestrisch Verfolgter um intergalaktisches Asyl gebeten habe, meiden sie sogar mein Zimmer. Laden mich nicht mehr ein zur Probefahrt in ihrem Großen Wagen. Wir sollten, erläuterte mir höflich ein Sternenkrieger a.D., erst mal unsere eigene Karre aus dem Dreck zerren. Dann würden sie uns schon auf die Sprünge helfen.

Sprach's und zog sich elegant in seine Suppentasse zurück. Dampfte grußlos ab. Fix sind sie, unsere interstellaren Busineß-Brüder. Neulich fing ich mit meinem Walki-Talki zufällig einen ihrer Funksprüche auf: Unternehmen „Bruderliebe" einfrieren! Ressourcen reichlich, Lohnkosten zu hoch...

Kind an der Kabelschnur

Vor Kolumbus war die Welt platt wie eine Scheibe. Dann wurde sie zum Ei. Später zur Kugel. Heute ist sie wieder eine Scheibe, nur viel kleiner. Dreiundsechzig Zentimeter in der Diagonalen. Mattscheibe, behaupten Weltfremde. Was natürlich nicht stimmt, denn meistens flimmert sie.

Wer möchte heute schon ohne Fernseher leben? Wer kann heute noch ohne Fernseher leben? Unsere Jüngsten kommen bereits mit der Kabelschnur auf die Welt, beziehen ihre Mutternahrung aus der Satellitenschüssel und spielen am liebsten mit der Fernbedienung. Noch ehe sie laufen können, sind sie längst durch alle Kanäle. Mit fünf entdecken sie den Videoeingang, mit sechs lernen sie die Aufnahmeuhr stellen, mit sieben wählen sie frei ihre Programme. Unsere Medienkinder leben halt in anderen Dimensionen: hochfrequentiert und energiegeladen - Timetunnel, Traumschiff und Trauminsel auf einer Welle. Wechseln, ohne ihren Sessel zu verlassen, Zeit, Raum und Charakter. Zappen sich per Knopfdruck durchs heile Teleleben...

Wir Fernsehveteranen verfolgen diese Entwicklung natürlich skeptisch in der allabendlichen Talkshow. Im Grunde fürchten wir um unsere Kinder fast so sehr wie um den versprochenen Kabelanschluß. Den lassen wir uns nicht wieder ausreden, um keinen Preis. Wofür sonst haben wir im Herbst '89 Woche für Woche auf unseren Montagabendfilm verzichtet? Auch wenn wir mittlerweile längere Schaltpausen brauchen, der Zugriff auf die Welt liegt in unserer Hand. Kein Eierdebakel, keine Hooliganschlacht, kein Russenputsch, kein Erdenrutsch, keine Politikeraffäre und kein Geiseldrama, kein Aids-Opfer und keine Unfall-Leiche sind vor unserem Auge sicher. Zack - schon liegt die Schweizer Gletschermumie friedlich neben dem Kaffeetisch.

Zack - schon steigt Klaus Kinski als schwindsüchtiger Vampir wieder aus dem Grabe. Nichts geht wirklich zugrunde, solange nur die Bildröhre flackert.

Leider ist uns für dieses Weihnachstfest kein „Rambo" beschert, nur ein kleiner, nervensägender „Poltergeist". Der jedoch entführt - und man sollte es ausnahmsweise mal symbolisch nehmen - der Familie jüngstes Kind ins unerklärliche Medienreich. Dorthin, wo Tag und Nacht die Elektroden glühen und zeitlos die Fernsehwellen rauschen, im wahrsten Sinne des Wortes: hinter die Scheibe. Eine okkulte Alte muß herbei und dem kleinen Engel den Fernsehteufel austreiben. Die Eltern, zitternd vor Angst, ein Stromausfall könnte auch diese letzte Verbindung zu ihrem Kinde kappen, schwören am Ende gar dem Zeitgeist ab - schöne Bescherung!

Gewohnt christlich-erotisch geht es anschließend im Freizügigkeitssender RTL zu, wenn - Servus! - Erika Berger (laut „Zeit"-Magazin die Frau mit den „geilsten Schienbeinen Deutschlands") zum Rededuell mit Maske lädt: Callgirl contra Callboy. Die Boys müssen bekanntlich - wenigstens auf unserem Strich - um ihre Gleichberechtigung kämpfen, halten jedoch den Schlüssel zum Erfolg schon fest in der Hand: Man muß nur gut sein, lautet die Devise, notfalls drei, vier Mal am Tag.

Das sagen sich, schon seit diktatorischen Zeiten, auch die Amateurexhibitionisten, die sich, nun ihrer körperlichen Unabhängigkeit voll bewußt, wacker der „Strip mit, bleib fit"-Bewegung zur Geisterstunde angeschlossen haben. Getreu dem Motto „Greif zur Kassette, Kumpel - vorwärts zu neuartigen Orgasmen!" sorgen sie jeden Freitag vor Flurgarderobe und Wohnzimmerschrankwand für immer schamlosere Enthüllungen. Leider wird vorm Porno-End vom Zensor noch immer abgeblendet.

Im Namen des Moderators, des Zuschauers und der sex Tele-Apostel, die da heißen: Glücksrad, Action, Krimi, Doping,

Porno, Politik - die Wesensmerkmale des Fernsehens bleiben die Vorschau und die Wiederholung. Seine Funktion erschöpft sich zunehmend in dem Versuch, wieder und wieder die Leere auf dem Bildschirm auszulöschen. Abgesehen davon, daß dies nur selten gelingt, zeigt sich dabei das Gesetz der Serie: „Dallas" und „Denver", „Denver" und „Dallas"... Schwarzwaldklinik unterm Kreuz des Südens. Schulmädchenreporter träumen von Lederhosenliebesgrüßen, Liebesgrußlederhosen weisen auf Laß-jucken-Kumpels. „Slip auf dem Trip" und „Mach weiter, Emmanuelle" - An- und Auskleideszenen in endloser Folge, alltägliche bunte Wäscheschleife mit Hinweis auf Spülmittel- und Bügeleisen.

Keine Furcht vor Experimenten, sagten sich eines Abends selbstbewußt die Kollegen von ARD und ZDF, als sie es mit „Mörderischen Umschaltquoten" den Privaten endlich einmal zeigen wollten. Ja, was eigentlich? Daß man öffentlich-rechtlich nicht minder blutrünstig und geschmacklos agieren kann? Daß eine abstrus konstruierte, belanglose Story auch nicht aufregender wird, wenn man sie über mehrere Kanäle verteilt? Man durfte bei jenem ersten und bislang einzigen Simultan-Krimifall auf zwei Frequenzen schalten, wie man wollte, man verpaßte immer etwas und am Ende gar nichts. Dabei lag dieser erste Kanal-Doppelmord schon voll im Trend: lieber Halbgewalktes mehrfach als etwas Einfaches ganz. Am besten kommt mit solcher Art Lebensphilosophie mein nervenkranker Nachbar zurande, der seit Jahren zur „Tagesschau" Tina Turner hört und unter der Dusche die Abendzeitung studiert.

Doch Schluß mit den alten Kamellen und lieber etwas Neues hingeschaut. Schon mal von Telekinese gehört? Dinge sind uns zu Willen, bewegen sich geheimnisvoll wie von Geisteskraft. Man muß lediglich über ausreichend Gehirnquotenmasse verfügen und seine Gedankenströme geräuschvoll plätschern lassen. Ach, wäre unsere Welt vollendet eingerichtet, könnte man auch nur einen Teil von dem kanalisieren, was das liebe Jahr über in deutschen Talkshows an Sozialgeist versprüht wird!

Wie aber, wenn wir eines Tages vorm Fernseher aufwachen, das Knöpfchen drücken, und der Bildschirm bleibt schwarz? Werden wir dann gestorben sein? Denkbar wäre allerdings auch, daß wir schon heute alle miteinander als blasse Fernsehleichen durchs Wohnzimmer wandeln und das, was uns die Scheibe vorgaukelt, irrtümlich für unser Leben halten.

Na, dann gute Nachtprogramm! Oder guten Morgenmagazin!

Liebe Aktie, tanz mit mir

Ewige Erwarteschleife Silvester: Karpfen, Bier, Flimmerkiste, Leuchtrakete, versöhnlicher Blick zurück, versonnener Blick voraus - du bleibst mir doch treuhand, Darling?! Oder holter die polter und runkel die schunkel in sektseliger Runde - alle Tanzbeine fliegen hoch! - fünf vor zwölf die Frauen noch rasch getauscht. O Kinder, wir wollen uns verändern! Basic Instinkt und heimlicher Vorsatz der Hobby-Verführer: Ich nehm dich und du nimmst mich vor im neuen Jahr... Viel Glück und wenig Aids mit auf den Weg! Hast du hoffentlich noch Arbeit? - Nicht immer. Aber immer öfter sitze ich rum und warte auf mein privates Schnäppchen oder den staatlich gepriesenen Lottogewinn. Warum soll es meinem Konto nicht endlich einmal besser gehen? Ein Menschenreich für die erste Million! Nehmt mich auf in den Solidarpakt der Börsenspekulanten. Ich sing euch auch das Lied vom verlorenen Rubel: Denn der Haifisch gibt Kredite, und die gibt er nur für sich... Oder sag euch den Spruch, der in sechs Tagen die Welt verblendete: Wer die D-Mark nicht ehrt, ist Mallorca nicht wert. Drum bleibe fruchtbar, mein Goldstück, und mehre dich. Wenn erst mein Geld für mich arbeitet, steig ich aus aus aller Mühsal Laster und finde meine Zuhälter ab. Dann leiste ich mir endlich den teuersten Porsche und halte an um Frankensteins Braut. Zu jedem Frühstück eine frische Immobilie, und zum Nachtisch ein güldenes Kuckucksei. Auf ein Wort, Mylord, wie sind Sie bloß so vermögend geworden? - Ich habe immer fleißig meinen Teller abgewaschen und im Taxi mit dem Trinkgeld geknausert... Ihr Lieblingsspiel? - Monopopely. Ihr Lieblingsbuch? - Die Schatzinsel vor Monte Christo. Ihr Lieblingswunsch? - Das Bernsteinzimmer vermieten und Hollywood verschaukeln. Was gedenken Mylord für die hungernde dritte Welt zu tun? - Nun, ich stärke zunächst einmal - global stabilisierender Faktor - die erste. Mit der Rendite halte ich die rebellierende zweite in Scharlach. Und von den Zinsen, die meine Sandbank vor Hawai abwirft, stütze ich den ins Rutschen geratenen Bananenpreis. Großzügig, Mylord! Woher nehmen Mylord nur soviel Güte? - Sorry, Bankgeheimnis.

Das Bad im Ozonloch

*I*ch hab mir nun doch kein Shetlandpony gekauft. Wer sagt mir denn, wie ich es ordnungsgemäß zu entsorgen hätte? Und überhaupt, es schmiert und schleppt uns am Ende noch die Ölpest ins Haus.

Man möchte gar nicht glauben, was ein einzelnes Tier von diesen Inseln heutzutage für Fettspuren hinterläßt. Dabei soll es doch dort wie im Paradies gewesen sein: saftgrüne Weiden, unbefleckter Kieselstrand und Schwärme unschuldiger Fische im Wasser. Himmlisch flatterten die Vögelein, und die Wale sprudelten Fontänen voller Lebensfreude.

Dann kamen wir und ließen unsere Tanker auslaufen. Mit unserer gesamten zivilisatorischen Flotte legten wir an. Allen voran die grußenden Dampfer und strahlenden Plutoniumfrachter, die schleichenden Zerstörer hinterdrein. Kreuzen todsicher auf, wo es noch ein Fleckchen zu verseuchen gibt. Rollen aus den Ölteppich, bis die Fische an Land gehen... Wir unersättlichen Tiger der siechenden Weltmeere, die wir uns mit Genuß von der Erde katapultieren, nehmen selbige gleich mit. Fort, nur fort! Schritt um Schritt!

Hauptsache, der Erfindungsgeist findet Nahrung. Nährlösung besser noch. In Japan züchtet man - leckeres Photosyntheserat - computergesteuerten Kopfsalat. Die Vegetarier befinden sich bereits in Umschulung. Oder auf dem Trip in den Keller. Wo auf Düngestreifen Kolonien von Champignons morcheln. Was noch nicht Kunstblume ist, verduftet im Flowerstudio. Auch wir Allesfresser müssen uns mehr und mehr auf digitale Verpackung einstellen. Verschachteltes Matroschka-Prinzip: ein Ei schlüpfe aus dem andern. Das Suppenhuhn wird federlos in der Zellophantüte aufgezogen. Achtung, bei Gackern kräftig schütteln! Erst den Tütenhals umdrehen, dann öffnen. Vorsicht heißt die Mutter der Plutoniumkiste. Meine Tante hat kürzlich einem ziehenden Russen den letzten Geigerzähler abgetauscht. Ihr Pudel büchst dauernd durch ein Loch im Maschendrahtzaun aufs Reaktorgelände und pinkelt den Schnellen Brüter an. Nun geht ihm langsam das Fell aus...

Und Sie? Suchen Sie nicht eine neue Mischbatterie für Ihre Sauerstoffdusche? Aus der Zehn-Liter-Frischhaltebox soll der Stoff besonders belebend sein. Ach, und noch was: Denken Sie rechtzeitig an passende Badebekleidung für den kommenden Ozonsommer. Von wegen FKK. FCKW macht sich breit! Die NASA hat ihr Marslandeprojekt abgeblasen und arbeitet fieberhaft an der Entwicklung eines neuartigen Schwimmanzugs. Dem flächendeckenden Overall. Der vor Wasser, Luft und Sonne schützt. Die Nullserie mit randloser Schmutzbrille und dekorativen Ohrstöpseln befindet sich gerade im Säuretest. Nur keine Bange, mit der Natur zersetzt sich auch unser Schönheitsideal. In Neuseeland verehrt man sie bereits, die weiße Frau: blaß, farblos, leblos... Also, was zögern wir noch? Auf zu neuen, strahlenden Ufern. Oder wie's gesungen heißt: Mensch, mach dich wieder frei / und leg die Baderüstung an!

Nach Bangkok, der Liebe wegen

Guten Tag, ich hätte gern fünf Stück von diesen komischen Heftchen.

Komische führn wir nicht.

Und das da?

Krimi, Grusel, Wildwest, Rote Laterne...

Genau. Von jedem eins, bitte.

Die Groschenhefte vom Kiosk sind heute auch nicht mehr das, was der Volksmund verspricht. Kaum unter einsneunzig und zwei Mark das viertel Kilo. Dafür aber leicht, ohne Abführmittel, verdaulich. Das literarische Popcorn zwischen zwei Sat1-, RTL2- oder Pro7-Sendungen.

Doch womit beginnen? Zuerst den Krimi, dann den Grusel und zum Schluß die Laterne? Oder zuerst die Laterne, dann den Grusel, und Wildwest zum Schluß? Der Zufall spielt mir die „Geister vom Teufelsmoor" in die Hände - eine farbenfröhliche Bildergeschichte. Hier und da, blubbernd aus sumpfigem Grund, eine Textblase. Die Moormonster zur besseren Unterscheidung dezent grün und blau. Ein echter Comic - also komisch, oder muß man die Mickey-Mouse-Mutanten heutzutage neu definieren?

Gegen Heftende gibt's doch noch Anlaß zum Schmunzeln: Andrew, „einer der letzten Magier unserer Zeit", beherrscht die Kunst des „Schrumpfzauberns". Um ein Urlaubsticket zu sparen, verkleinert er seine Frau zur Porzellanminiatur und schickt sie per Luftfracht - Vorsicht, nicht schütteln! - nach Mallorca. Ein Trampel von Briefbote gibt nicht acht, die Ehe geht zu Bruch. Zur Strafe wird der Sünder selbst glasiert und von Andrew als Nachnahme den rüden Amtsbrüdern übergeben. Schwarzkünstler Roald Dahl stand dem Comic-Autor

womöglich Pate, nur die sprachliche Ausführung geriet, genrebedingt, etwas dürftig: „Kling... Klirr... Krac-krac...“
Trivial, möchte man abwinken, wenn man nur wüßte, was damit gemeint ist. Trivium (lat.): Dreiweg, Scheideweg, öffentliche Straße; trivialis: auf Gemeinwegen und -plätzen befindlich. Nun, gemein scheint mir schon, was dieser Andrew sich da leistet, aber gewöhnlich?

Etwas länger beschäftigt mich der „ungeheuer faszinierende“ (Vorwort des Herausgebers) Wildwest-Roman von Charles H. Preece: „Der Schwur des Kopfgeldjägers“. Dabei ist's im Grunde ein einziger frappierender Satz, der fasziniert, und der fällt gleich am Anfang: „Wenn Archie Malloy sein Pferd anredete, hatte das selten etwas Gutes zu bedeuten.“ Rätsel, Vorahnungen, Stoff zum Nachdenken. Man sollte es gleich tun, denn die Gelegenheit kehrt nicht wieder. Zu heimtückisch mordet der schwarze Bastei-Bastard Archie des blonden Picketts rothaariges Eheweib. Zu jähzornig reitet Pickett zur Racheattacke. Dabei kommt ihm sein alter Freund Vince wie gerufen, der hat gerade „sehr lange keinen Menschen mehr gejagt“. Das ungeheuer faszinierende Gemetzel will ich mir denn doch lieber für später aufsparen. Schlage den Western zu und erwartungsvoll mein Rotlicht-Heftchen auf.

Einstimmendes Motto: „Schicksale von der Straße der Sünde“. Wer auch immer sich hinter Theo Dombrowski verbirgt, der Autor wandelt auf gefährlichen Pfaden. „Nach Bangkok“, natürlich „der Liebe wegen“. Zwei Deutsche eilen voraus, Geschäftsleute wie du und ich, doch einsam und erfüllt von neokolonialer Eroberungslust. Alwin: „Bin gespannt, mit welchen Miezen wir es diesmal treiben...“ Alfred: „Unsere Moneten werden uns Tür und Tor öffnen! Nicht zu dem Kroppzeug, sondern zur Starklasse.“

Starklasse sind Sali und Mae bestimmt nicht. Aber auch Heinz, der dritte Deutsche im Bunde, ist anders. Vor Jahren starb ihm bei einem Autounfall die heißgeliebte Thai-Frau - „Tochter aus einem uralten Adelsgeschlecht und so sittentreu wie kaum eine Weiße". Nun sitzt er, unser thaitreuer weißer Heinz, von seinen Tennisfreunden Alwin und Alfred über den halben Erdball geschleift, lustlos im Bangkoker Puff.

Klischeehaft, formelhaft, stereotyp, lästert mein literaturwissenschaftliches Wörterbuch, dem ich das Maul verbiete, denn es hat (Redaktionsschluß 1985) längst den Anschluß verpaßt. Es führt nicht einmal die neuesten Kondome. Sei's drum, die schöne Mae verführt mich: Ihr zuliebe beginne ich an der Trivialität des Trivialen zu zweifeln. Der Schreiber sorgt dafür, daß ich mit Heinz, der treudeutschen Seele, den Bruderkuß tausche. Heinz und ich, wir werden eins. So treffen wir gemeinsam mitten im Marktgewimmel von Bangkok unser zweites Glück, verlieren es und finden es wieder. Aber fatalerweise wurde Mae von Alwin (oder Alfred?) auserkoren, ein Hamburger Bordell zu zieren. Die Hurenjäger können ja nicht ahnen, in welche Gewitterstimmung sie uns damit versetzen. Daß bald „der Blitz in Heinz" einschlägt. „Und wie er einschlug! Auch bei Mae hatte es eingeschlagen." Sie blickt „in die blau leuchtenden Augen des Fremden" und erkennt in uns den deutschen Übermann: „Es war das scharfe Blau eines Tatmenschen", „in diesem Blau lag etwas Zwingendes, sogar Gebietendes".

Natürlich gebieten wir (Heinz und ich) Mae, sich uns anzuvertrauen, und entführen sie (Tatmenschen, wie wir guten Deutschen nun einmal sind) in den heimischen Hafen. Während Alfred (oder Alwin?) der Rache des „gelben" Bordellbesitzers Suri Wong zum Opfer fällt. Somit endet für Mae die thailändische Sündenstraße im keuschen Köln, wo „die zierliche, wie einem exotischen Märchenbuch entsprungene Frau an der Seite des hochgewachsenen blonden Mannes" jedermann ins Auge sticht. Zum Glück sind gerade keine Skinheads unterwegs.

Hast du das gehört, Heinz? Die Götter und Millionen Thai-Mädchen hoffen wieder. Auf uns.

Sieben Zombies für Dracula

Ach, war das wieder aufregend. Ach, waren die Ladies wieder schön. Stolz durchgestylt auch die Herren der Filmschöpfung. Allen voran der 72jährige Fitneß-Jack mit seiner Liegestützserie im Smoking - einarmig, nonstop, hinreißend... Und dann diese Spannung: Wer würde denn diesmal den Tanz gewinnen? - Keine Chance für Kintopp-Nostalgiker: Der „Wolf" ist tot, es schweigen die „Lämmer"!

Wahrscheinlich gehe ich immer in die falschen Filme. Oder ins verkehrte Kino. Oder zur falschen Zeit. Oder überhaupt nicht mehr. Sonst hätte ich nicht wieder so viele der Top-Oscars verpassen können. Den Thriller-Oscar, zum Beispiel, oder den Psychopathen-Oscar. Auch den Agenten-Oscar, den Superman-Oscar - verdammt, der dritte Terminator wird mir im Bonde mit James meinen Hochmut eines bleiernen Tages heimzahlen.

Termi II erkämpfte sich nämlich gleich drei der begehrten Trophäen, darunter eine für den durchschlagenden Soundtrack. Ob auch wirklich stimmt, daß Schwarzenegger einen Oscar für das beste Make-up erhielt? Sozusagen als liebenswürdig ausgefranster Super-Maschinen-Mensch? Da wird sich Dr. Jekyll alias Mr. Hyde aber grämen. Da wird Old-Frankenstein bestimmt leichensauer sein. Oder Dracula. Der Monster-Fürst drehte sich während der Oscar-Verleihung gleich mehrmals im Sarg herum. Wieso, mochte er sich zähneknirschend gefragt haben, gibt es eigentlich noch keinen Oscar für Tomatensaft? Oder für die Fledermaus mit der größten Flügelspannweite? Wieso gibt es überhaupt noch Oscars und nicht endlich die lang ersehnten Rambos? Oder Zombies.

Jawohl, recht hat der Saugemann. Ab nächster Kinosaison am besten nur noch Zombies: Einen Zombie für die meisten Film-toten. Einen für die schneidigsten Eckzähne. Einen für die lieb-lichste Gänsehaut... Da bleibt dann für Softi-Psychopathen und Warmblutkiller keine Nische mehr. Dann heißt es endlich: Schluß mit allem Halbgewürgten. Tot oder untot, lautet nur noch die Frage. Die Jury wird Draculas unendliche Geschichte preisen. Die Filmdiven werden bei der Verleihung reihenweise in des Meisters Arme sinken, schön und bleich, goldene Amu-lette um den Hals. Und sollte sich, wider alle Erwartung, der Preisträger bis zum Morgengrauen nicht einfinden - ab mit Hollywood in den Jackpot!

Ping Pong Doping

Hie ein Schuß, da ein Schuß, die Hormone schlagen aus. Der Eishockeyprofi kriegt plötzlich Gefühle. Will mit dem nackten Puck ins Bett. Der Rennrodler kann sich von seinem Bob nicht mehr trennen. Weitspringer setzen im Dreierhop über die Kreuzung, die Turnriege federt am Baugerüst... Woher bezieht, fragt sich neidisch der Seehund, die Rekordschwimmerin bloß ihre modischen Schwimmhäute?

Das fängt manchmal schon auf Krabbelbeinchen an. Zu seinem sechsten Geburtstag bekommt das Talentkind eine Retorte. Der Weg zur Karriere ist steil und mit Pillen gepflastert, führt unter Umständen durch den Kälberstall. Lauf, Sprintchen, lauf, und hüte dich vor den Muskelmanen! Die beten zum ewigen Wachstum. Lauern dir auf mit Brausepulver und Hustenbonbons und locken mit bunten Glasfieberzäpfchen. Dreh dich nicht rum, der Apotheker geht um! Bietet schlau seine Trainerdienste feil: Ach wie gut, daß niemand weiß, daß ich Doping-Doktor heiß. Schnupf-und-Hupfmittel gefällig? Auf die Reinheit des Urins ist, bittschön, selbst zu achten.

Im Zweifelsfall habe wie immer niemand nimmer von nichts gewußt. Sonst entsteht nämlich im Handumdrehen aus einem gestandenen Stabhochspringer ein springender Hochstapler. Der Brustschwimmer artet zum Schwimmbrüster aus. Der Kugelstoßer versetzt sich womöglich den Gnadenstoß. Und hoffnungslos verlottert am Ufer der Ruderer zum Luderer. Verdorben ist verdorben, meint selbst der betreuende Parapsychologe und kann unter den Prostatablicken der Funktionäre die B-Probe nicht wieder sauberbiegen. Postwendend lassen die Sponsoren ihr bestes Rennpferd sausen, und Olympia greift zur Spalttablette.

Wer mag sich künftig noch mit Spitzenmutanten messen? Schon fordern Mißbraucherverbände gleiche Dopingchancen für alle. Im Jahre 2000, homuncelt man, sollen zeitgleich mit Olympia die ersten weltweiten Dopingmeisterschaften steigen. Hyperanaboloid Ben Johnson übernehme die Schirmherrschaft. Startberechtigt seien aber vorerst nur einäugige, dreiarmige Ping-Pong-Spieler. Man wolle sich, so der kanadische Dopingmaster, am Grünen Tisch mit der Pharmazie duellieren.

Christmas-Looping

Wir Thüringer sind und bleiben Deutschlands kulturelle Analphabeten. Wann erfahren wir schon, was gerade „in", „top" oder „logo" ist? Selbst tausendneunhundertsiebenundneunzig nach Christus klammern wir uns noch an das Christfest, pflegen antiquierte Weihnachtsbräuche mit Ave Maria, Silbermannorgel und Kerzendochtschein. Nicht mal ein poppiges Halleluja entführt unseren Räuchermännchenkehlen, geschweige denn ein: Long live Jesus Christ Superstar! Auf unseren Adventsmärkten dominieren gewachsene Tannen- und Fichtenbäume, gedrechselte Holzpyramiden und handgeschnitzte Engelchen, brutzeln Rostbratwürste, duftet Zimtgebäck und tönen die alten Weisen. So sind wir halt - unwandelbare, traditionsversessene thüringische Weihnachtsmänner, Weihnachtsfrauen und Christkinder.

Dabei ist anderswo längst alles anders. Die Hauptstädtler zum Beispiel wagen den großen Sprung in die Lüfte. Auf dem Berliner Weihnachtsmarkt nennt sich das schlicht „Looping": Für lumpige acht Mark kann man sich, festgeschnallt wie ein Starfighter-Pilot, über den Marx-Engels-Platz liften und zwischen Ex-Palast und weggebaggertem Außenministerium waghalsige Kapriolen schießen. Kreischen und Lustschreie lassen Orgiastisches vermuten: „Geil!", „super!", „fetzt!"... Was bloß hatte mich Hinterwäldler an diesen verwunschenen Ort verschlagen? Zögernd stand ich da. Im Rücken den Palast, die gläserne Altlast der Republik, zur Hälfte mit einem Weihnachtskalender zugehängt - man muß ja schließlich was gegen den Asbesthauch tun. Vor mir futuristisches Getümmel in gleißendem Neonlicht. Tauchst mal ein, denke ich, und guckst deinem Sohn einen Pfefferkuchen aus.

Selbstbacken wäre leichter gewesen! Anfangs überlege ich noch, was Pfefferkuchen auf Hauptstädtisch heißen könnte. Kebab? Oder Hot Dog? Big Mäc? Oder Hamburger? Den Amerikaner kenne ich schon, und einen Berliner will ich aus Pietätsgründen nicht probieren. Vor mir reihen sich Top-Shops, Pizza-Palazzos und Gyros-Grotten. Man futtert Fladenbrot und Pilz-Ragout, hier und dort auch mal eine broilige Grillhähnchen-keule. Doch Pfefferkuchen scheinen hier unbekannt. Oder abgewickelt? Dafür schwingt sich neben dem Riesen-Rad die passende Riesen-Hollywoodschaukel empor, torkeln Rempel-Scooter, erheben sich Mini-Star-Liner für die Jüngsten. Früh übt sich, was einmal Star-War-Soldier werden möchte. Tief im Budendschungel darf man risikolos Urwaldviecher schießen, nebenan verlost ein Tierschützer Plüsch-Robben, Pandabären und andere vom Ausstopfen bedrohte Tiere.

Knusper, knusper, knäuschen...! Einmal sehe ich - Fata morgana - ein Lebkuchenhaus wie ein Riff aus der Menschenwoge wachsen; leider entpuppt es sich als eine von Papptellern und Speiseresten überquellende Plastikimitation. In den alten Märchen scheint ohnehin niemand mehr zu Hause. Hänsel verkauft Lose, Gretel flicht Gürteltaschen, und die Hexe vergnügt sich in der Gespensterbahn. Schon trägt mich der Luststrom weiter, durch immer seichtere Unterhaltungsgewässer, dem singenden-klingenden Höhepunkt zu: „When I find myself in times of trouble..." Engelhaft gelockte, poppig glitzernde und im Disco-Rhythmus stampfende Kelley-Kinder schmettern Festgesänge von „White Christmas" bis „Let It Be".

Ja, laß gut sein. Bei „Jingle Bells" im Rock'n'Roll-Schlitten gebe ich die Suche auf. Meinen Pfefferkuchen darf ich mir getrost in den „Wind of Change" schreiben. Dafür zieht sich mein Herz zusammen, als ich mitten auf dem Platz die alte Weihnachtsfichte entdecke. Ungerührt steht sie da mit hängenden Zweigen, fern wie auf dem Grunde des Malströms. Eine lamettabehängte würdige Greisin, zur Bedeutungslosigkeit verdammt. Auf den ersten Blick erkenne ich in ihr die Thüringer Großmutter. Komm, flüstere ich, was hockst du hier herum? Hauen wir ab. Kehren wir zusammen heim. Dorthin, wo die Christglocken noch traulich bimmeln und das Vaterunser unsere treuen Seelen tröstet. Komm, schöne Tannhäuserin, warum zögerst du? Willst du hier etwa Wurzeln schlagen? Nichts da, Mütterchen, let's go home. Zurück in die Thüringer Wälder! Oder was von ihnen noch aufrecht steht.

Leasing rieselt der Schnee

Morgen, Kinder, wird's was geben… - Nein, nicht im Fernsehen, sondern live, im weihnachtlich dekorierten Wohnstudio: einen Hifi-Turm, ein Telespiel, eine Skateboardausrüstung, zwei Paar warmer Winterreifen und/oder eine fröhliche Familie.

Familie auf Kerzenzeit, sozusagen. Sind nämlich der Herzen und Gaben unterm Lichterbaume ausgeschüttet und die Treueschwüre übers kommende Jahr verlängert, hetzt alles wieder auseinander und ein jedes seinem Tag-und-Nacht-Werk nach. Time frißt Money. Überschüssige Minuten werden auf Festgeldkonten gesperrt. Freie Wochenenden in Invest-Fonds angelegt. Krümeliges Glück des Fast-Food-Zeitalters: Wer einmal aus dem Kühlschrank freezt…

Die moderne Geschäftswelt hat dafür längst den passenden Begriff kreiert: Leasing. Ein geleaster Wagen - das sind bekanntlich Fahrfreuden auf Pump. Das Mobil kehrt, wenn man sich an die Raten nicht gewöhnen will, treu zu seinem Zuhälter zurück. Die Leasing-Frau stets vor der Gewöhnung. Noch immer ungewohnt - zumindest für Sprößlinge des abtreibenden, kinderreichen Sozialismus - die Leasing-Familie. Marktmutter, Unternehmervater und Problemkind. Trauriger Mittelverstand. Familienbildende Leistungen senken den Zinssatz. Herzsprünge von Urlaub zu Urlaub, Dreierflop von Feier- zu Feiertag. Schon verlieren sich die Eltern im Streß. Wandern Oma und Opa ab ins Pflegeheim. Wen wundert's, wenn die lieben Leasing-Kids kopfüber vom sinkenden Traumschiff jumpen? In die Gosse oder ins Blumenmeer, je nach Stoßrichtung und -stärke auf der nach allen Seiten offenen Autoritätsskala. Aber kein Grund, die Ausreißer wieder zurückzunehmen. Die Rate ist schließlich bezahlt.

Kommerz, lieber Mai, und mache das Leben wieder angenehm! Leasing rieselt der Schnee... Die neue deutsche Welle: Wir sind von Kopf bis Fuß auf Leasing eingestellt, wir leasen uns die Welt und sonst gar nichts. Lease, lease, Mister Postman! Please me, lease me...! Lease dir eine Karriere, und du fühlst dich wohl in deiner Hautcreme. Eine Rate steuere die andere aus. Leasing-Karrieren, weiß jeder Kreditverbrater, kehren schneebesenrein. Nur leider bleiben sie nie lange weiß und flockig, sondern wechseln - last, not least - am Ende ihren Aggregatzustand.

Alle Grütze wird zur Pfütze. Darüber können wir Leasing-Gegner doch nur lachen: Aus Staub sind wir gemacht, zu Staub sollen wir werden...

Kein Trotz. Nirgends

Ich weiß gar nicht, worüber die sich alle Abende mokieren. Über die deutschen Brüder Motzki-Trotzki? Über den Golf-, Balkan- oder Aktienkrieg? Über das Asylantenverbrennungsrecht? Bleiben wir doch auf dem Teppich. Sparpaket, Feiertagstotschlag, Recht auf Rinderwahn - das ganze Bonner Affärentheater, in meinem Wohnzimmer fällt die Vorstellung aus. Ich laß mir doch meine schönen Fernsehbilder nicht versäuern. Ich meine die schnellen, hübschen, bunten. Die kurzen, teuren Streifchen zwischen allen Sendungen.

Schöne neue Welten im Zehnsekundentakt. Da ist Licht, da ist Sonne. Und sauberer, weißer Zuckerstrand. Drauf aalt sich die Creme de la Creme aus der Tube, fließt der Walker wie Öl im Reggaesound. O Herr der schlaraffenden Paradiese! Meinen täglich Kot nimm von mir heute. Veredelt sei der Mensch, Milchreis und Hut. Und habe ranke, schlanke Beine, sich in jedem Netzstrumpf zu verfangen. Nur noch diesen flotten Schlitten, und der Wald sei gerettet. Mein Naturfreund, der Katalysator, trägt ein frisches Veilchen im Knopfloch. Die moderne Hausfrau mimt den Saubermann: Fleckenrein dascht unsere Flure und Felder. Ein Spülmittel spüle das andere klar. Laß Klingel nicht lange klingeln. Otto findet sich gut. Und Quelle ist der Ursprudel unserer Gefühle.

Darauf eine - oder nimm zwei? - Kronen Versöhnkaffee. Oder einen Asbest uralt? Welch ein Ramona! Mit jedem Schluck hebt sich mein Selbstverlustsein; ein Shave after dem andern macht, daß die Frauen nur so fliegen. Lufthansakeks an Bord, und die Suppe ist in der Tüte. Beine hoch, mein Bicycle beißt! Schmerztablette gefällig, oder schlucken Sie lieber den Arzt mit der Verpackungsbeilage? Seit ich mir allabendlich mein Fernsehmenü selber anrühre, quält mich kein Magendrücken mehr. Von Kanal zu Kanal rudere ich kraftvoll mit doppeltem Herzen. Tauche hinab bis auf den Grund der Seligkeit. Ein Heil jagt das nächste, und wenn die Welt auch untergeht, so überleben glücklich die Produkte:

Kaufhaus unser, / das du bist mein Himmel. / Geheiliget sei deine Ware, / ihr Konsument komme, / ihr Erlös wachse / in Ewigkeit...

Gefallene Engel gibt's um die Ecke im Sonderangebot, das Doppelhorn zu zweifünfundfünfzig. Schlagen Sie zu!

Die Kuh ist willig,
doch das Fleisch schwächt

Was geht dem deutschen Allesfresser stärker an die Nieren als die Sorge um sein täglich Wurstpaket? Schwein oder nicht vom Schwein, heißt plötzlich die Frage. Politiker sondieren angespeckt den Ernst der Bauchlage: Ist den Verantwortlichen das Rinderhirn auf den Saumagen geschlagen? Behält die Leber-Partei ein sauberes Zwerchfell? Verspeisen wir noch Beef von unserem Fleische? Oder gehört Europas Zukunft schon den Diabetikern und Vegetariern? *Wurst-TV* befragte den zuständigen Bundesminister zum Rindviehreinheitsgebot.

Wurst-TV: Herr Minister, Sie stehen auf wackligen Beinen, ist Rinderwahnsinn übertragbar?
Minister: Selbstverständlich. Täglich von sechs Uhr morgens bis weit nach Mitternacht auf allen Kanälen.
Wurst-TV: Wie kann der gesunde Menschenverstand sich dagegen schützen?
Minister: Indem er auf den Genuß von Fernsehen und Hörfunk verzichtet und jede Berührung mit einer Tageszeitung meidet.
Wurst-TV: Wer ist besonders gefährdet?
Minister: Alle Steak- und Filetfreunde des mittleren Westeuropa.
Wurst-TV: Aber die Übertragung vom Tier auf den Menschen ist doch noch gar nicht überzeugend nachgewiesen.
Minister: Eben. Daher müssen wir auch mit dem schlimmsten, dem umgekehrten, Fall rechnen.
Wurst-TV: Sie meinen, der Mensch könnte das arme Vieh in den Wahnsinn treiben?!

Minister: Ich konstatiere nur.

Wurst-TV: Nach dem Motto: Die Kuh ist willig, doch das Fleisch ist schwach, äh, schwäct?

Minister: Das haben Sie gesagt.

Wurst-TV: Und was würden Sie hinzufügen?

Minister: Importfleisch.

Wurst-TV: Der Mensch läßt ab vom lieben Vieh. Was meinen denn die Heiligen Kühe in Indien dazu?

Minister: Wahnsinn.

Wurst-TV: Und wieso tritt BSE so selten in deutschen Ställen auf?

Minister: Seit Tacitus schlachten wir streng nach dem germanischen Reinheitsgebot. Wenn ein deutsches Rind vor seinen Metzger tritt, hat es seine Gehirnwäsche längst hinter sich.

Wurst-TV: Die Rinderwaschstraße konnte die Demokratie aber nicht vor der Schweinepest bewahren...

Minister: Wir haben gründlich ausgemistet.

Wurst-TV: Dazu sollen die Engländer nicht fähig sein?

Minister: Denken Sie nur an Orwells „Farm der Tiere" - eine Schweinerei ohne Ende.

Wurst-TV: Das Gespenst geht wieder um in Europa...?

Minister: Zum Glück kommt es nicht voran. Es knickt ein und fällt auf die Schnauze.

Wurst-TV: Was wäre der schlimmste Fall?

Minister: Wenn die royalen Rindviecher der britischen Queen Rückübertragungsansprüche stellten...

Wurst-TV: Was tun? fragen Millionen fleischfressender Bundesbürger.

Minister: Am besten weiter Schwein haben.

Wurst-TV: Herr Minister, wir danken Ihnen für die aufklärerischen Töne.

Minister: Muuuuhhhh!

Häppi Schnäppi

Erinnern Sie sich noch, wie eine verschmauchte Kartoffel aus der Lagerfeuerglut schmeckt? Oder ein Ranft Landbrot mit Ziegenkäse und einer frischen Zehe Knoblauch? Es kann auch ein fettes Gänsekeulchen mit Thüringer Klößen und duftendem Rosenkohl gewesen sein. Was waren das für schmackhafte Zeiten!

Nun bezichtigen Sie mich nicht gleich des kulinarischen Konservatismus, bloß weil ich nicht sofort nach der Bananenrevolution der Fast-Food-Partei beigetreten bin. Zugegeben, in unserer Rotkrautkindheit waren uns alle Gaumenfreuden fremd. Knirschenden Zahnes mußten wir einen Sandkuchen nach dem anderen backen. Bissen tränenden Auges ins erlauchte Zwiebelröhrendessert. Lasen Kartoffeln, statt Chips. Litten unter chronischem Vitamin-Süd-Mangel. Doch vorbei die saure Apfel-Zone. Verweht alle Weißkohlpamphlete. Zerrieselt der letzte Schokoladenersatz. Heute garen sich unsere Kids längst ihren „Kiddy-Burger" im elektrischen Spielzeuggrill.

Heiliger McDonald - die Kinderzimmer-Küche kommt! Jawohl, sie befindet sich mit Hamburger, Pommes und Milchshakes im Miniaturformat bereits auf dem Ritt von Texas nach Deutschland. Spätestens, wenn sie im Suhler Spielzeugland eintrifft, werden wir staunend die Mäuler aufreißen. Dann sind die Schweinereien auf dem Teppich vorprogrammiert.

Ach, wie verführerisch lockt der Mäc! Ganz im Verdauen gesagt: Vergebens versuchte ich, meinen Sohn mit Müsli abzuknuspern. Jedesmal gackerte im Radio das Chicken dazwischen. Der Kornbrei, murrte er, ginge ihm auf den Flakes. Auch Popcorn, Fruchtzwerg und Milchschnitte hielten nicht lange vor. Er wolle, verlangte mein Sohn, nun endlich bei McDonald's seine Juniortüte auspacken. Also ins Auto, und auf zum Familienschmaus. Wir brauchten nicht weit zu fahren und nicht einmal auszusteigen. Ein kurzer Stopp, nicht länger als die Rotphase an der Ampel. Einen Bög Möc, einen Chöös-, einen Hömbörger, bötte! Schon rutschten die Mäcs, schossen die Cheese- und rollten die Hamburger wie von selbst an Bord. Aufklappen, aufreißen, runterwürgen - fertig. Appetitlich knistern die Pommes im Packpapier. Schaumweich kleben die Sandwiches am Gaumen. Der Chefsalat läßt sich poppig aus der Alufolie dressen. Duft von warmer Pappe erfüllt die Seele. Nur das Huhn auf der Semmel, es gackert nicht mehr.

Ich bin nicht sicher, ob's die Stille war, die den Argwohn meines Sohnes weckte. Oder war's der Umstand, daß sich in seiner Juniortüte statt des erhofften Zauberstiftes nur ein buntes Heftpflasterchen fand? Plötzlich erwachte tief in seinem McDonald's-Herzen der Anti-Burgerking. Auf einmal mochte er sich - ham! ham! - nicht länger den Mund vercheestern. Oh Pommes, mäc-meckerte er, ich bin pappesatt. Und ließ - witch! witch! - die Tüte dönern.

Das Auto zum Buch

Eigentlich gibt es ja längst alle druckbaren Bücher: das Buch zum Film, das Buch zum Fernsehen, das Buch zum Radio. Das Buch zum Kochtopf, Gummibaum und Telefon. Das Buch zur Schrankwand, zum Seitensprung und zur Ehekrise. Das Buch auf der Palette und auf der Halde... Weshalb müssen wir ihnen da noch unnütze Messen lesen?

Das Buch zum Lesen ist ohnehin das älteste, vom Aussterben bedrohte Modell. Zu Recht, wie man leicht begreift, denn es paßt weder in die Hifi-Anlage noch in den Videorecorder. Auch für das Auto-Radio-Kassetten-Teil hat es das falsche Format. Nun wollte ich aber, als ich jüngst zur Büchermesse fuhr, unterwegs unbedingt ein Buch lesen. Nutz doch die Schiene, riet mir ein Lesefreund, sich auf seine guten Erfahrungen mit der Deutschen Reichsbahn berufend. Sie ließen sich leider nicht wiederholen.

Bitte? Nachts von Leipzig zurück? Tut mir leid, fährt nichts mehr. - Aber warum denn nicht? - Fahrn Sie doch mit dem Auto! - Aber ich will nicht mit dem Auto fahren, ich will unterwegs ein Buch lesen... - Bitte...?

So ist das mit unserem Verkehrskarussell: Es fahren keine Züge, weil alle mit dem Auto fahren, und es fahren alle mit dem Auto, weil keine Züge fahren. Und wenn doch einmal ein Zug fährt, ist er leer. Und wenn sich die Autos in Kolonne vorwärtsschieben, sind sie auch leer. Bis auf den Fahrer. Der hat jedoch weder Hand noch Kopf zum Lesen frei. Die Hand braucht er zum Lenken, den Kopf zum Fluchen. Mit seinen Flüchen könnte er, wenn er die Hand frei hätte, bequem ein Büchlein füllen. Wenigstens einen Vorleser wünschte ich mir manchmal zum Beifahrer. Oder einen orientalischen Märchenerzähler.

Aber wir fahren und fahren und lesen nicht mehr. Oder nur sporadisch. Oder nur noch diagonal. Und wenn wir mal lesen, dann wie auf der Hatz, als fühlten wir das Auto im Nacken. Wir durchleben schnellesige Zeiten. Japsen dahin ohne epischen Atem. Das wissen wohl nur die flinken Literaturkritiker richtig zu schätzen. Unsere auserlesenen Hochgeschwindigkeits-Interpreten. Die müssen ja am Buchende immer die ersten sein. Sonst werden sie von anderen, noch schnellesigeren, Kritikern überblättert. Deshalb sind die Kritiken meist schon da, ehe ein Buch erscheint. Manchmal sind sie schon gedruckt, ehe das Buch überhaupt geschrieben ist. Fuhr neulich ein verzweifelter Autor zu seinem Kritiker: Sagen Sie mir doch bitte, was ich schreiben soll... Der winkte, den Verriß bereits fertig im Kopf, in größter Eile ab: Schreiben Sie das Auto zum Buch!

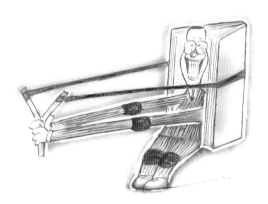

Vorhang zerfetzt -
keine Fragen offen!

Das Literarische Quartett setzt sich wie gewohnt zu drei Vierteln zusammen aus den Herren Marcel Reiß-Grassicki, Hellmuth Parascheck und der Dame Sigrid Teelöffel. Als Gast nimmt diesmal an der Runde teil der Herausgeber des Buches „Über Marcel Reiß-Grassicki". Die Szene ist vorm roten Samtvorhang im Elfenbeinturm zu Frankfurt am Main.

Reiß-Grassicki: Meine Damen und Herren, ich habe hier ein Buch, genauer: ein Kritikerbuch. Schauen wir uns dieses Kritikerbuch doch einmal näher an: „Der Erfolg weckt den Zweifel, der Ruhm provoziert den Widerspruch." Schön. Ein Zitat. Es stammt von... (rückt an der Brille, buchstabiert) ...von Marcel Reiß-Gra... Gut, lassen wir das, das Buch hat also ein Motto. Aber, so möchte ich hier einmal in die Runde fragen, hat es auch Format?

Parascheck: Also inhaltlich zerfällt es in drei Kategorien: Kritiken über den Kritiker, Gespräche mit dem Kritiker, Parodien über den Kritiker... Beginnen wir mit den Parodien...

Reiß-Grassicki: Halten wir uns, mein Bester, nicht an Formalem auf. Was spricht für dieses Buch?

Herausgeber: Es ist handlich, es hat einen bedeutenden Gegenstand, es ist umfänglich und will sich gut verkaufen...

Reiß-Grassicki: Ja, war es denn schon im Fernsehen?

Parascheck: Noch nicht, aber ich würde es dringend empfehlen...

Teelöffel: So? Dann nennen Sie mir einen Grund.

Parascheck: Warum nur einen?

Teelöffel: Ich wüßte keinen.

Reiß-Grassicki: Aber meine Herrschaften, ich bitte Sie, streiten wir uns nicht. Fragen wir lieber nach. Was läßt sich Kritisches anmerken?

Teelöffel: Das Buch ist Fragment. Es ist überholt, es ist frauenfeindlich und unanständig...

Parascheck: Nur weil Sie, Teuerste, wieder nicht darin vorkommen.

Teelöffel: ...!

Reiß-Grassicki: Wir wollen, verehrter Kollege, doch nicht persönlich werden. Es geht schließlich um ein Stück Literatur. Fahren Sie fort, Frau Kritikerin.

Teelöffel: Also, ich will hier gar nicht für mich sprechen. Ich spreche für die unterdrückte, geknechtete, geknebelte, verschüttete, totgeschwiegene Dichterfrau...

Herausgeber: Frau Teelöffel, Sie bekommen demnächst in unserem Verlag ein eigenes Kritikerbuch.

Parascheck: Ach.

Reiß-Grassicki: Neid ist aller Literaten Anfang. Meistens findet er dann kein Ende... Ladys first, verehrter Herr Kritikerkollege. Aber wenn Sie das dringende Bedürfnis haben, etwas einzuwenden... Bitte.

Parascheck: Ich hätte nur einen Vorschlag zu machen.

Teelöffel: Sie wollen sagen, Sie wüßten wieder alles besser.

Reiß-Grassicki: Immer frei von der Leber weg!

Parascheck: Falls der Herr Herausgeber auch für Frau Teelöffels künftiges Kritikerinnen-Buch nach einem Motto suchen sollte, so würde ich folgendes vorschlagen: „Das ewig Leibliche zieht uns hinab".

Reiß-Grassicki: Hinan, Herr Euroscheck.

Parascheck: Nein, hinab.

Reiß-Grassicki: Hinan!

Parascheck: Hinab!

Reiß-Grassicki: Hinan, heißt es bei Goethe.

Parascheck: Bei mir heißt es aber hinab.

Reiß-Grassicki: Wollen Sie flackerndes Kritikerlicht etwa behaupten, dies besser beurteilen zu können als unser Dichtergenie?!

Parascheck: Wir haben Meinungsfreiheit, Herr Reißwolf, und ich darf die Präfixe setzen, wo und wie ich es für richtig erachte.

Teelöffel: Sie Zitatenschänder! Sie paranoider Skribent! Manipulateuren wie Ihnen sollte man das Mundwerk legen! Hinweg!

Reiß-Grassicki: Mein Gott, hinan!!!

Teelöffel: Ich meinte jetzt nicht Goethe, Herr Meckermann!

Parascheck: Und ich meinte, Frau Kollegin Löffelstiel, Sie nicht so leibhaftig.

Teelöffel: Weil Sie sowieso nie wissen, was Sie meinen. Weil Sie immer nur meinen, was zu wissen. In Wahrheit wissen und meinen Sie überhaupt nichts. Ach, nicht einmal das.

Reiß-Grassicki: Beruhigen wir uns wieder, versehrte Kollegin, versehrter Kollege. Kehren wir zum Ausgangspunkt zurück. Ein Buch. Genauer: ein Kritikerbuch. Es handelt von... (rückt an der Brille, buchstabiert) ...Marcel Reiß-Gra... Gut, lassen wir das, der Herausgeber nennt es gewichtig, und es hat einen bedeutenden Gegenstand. Können wir dessen Bedeutung vielleicht noch ein wenig untermauern?

Teelöffel: Unterminieren, Herr Großkritiker, unterminieren. Ich zitiere einmal: „Natürlich haben wir so wunderbare Dichterinnen gehabt wie Else Lasker-Schüler, wie Anna Seghers, wie Ingeborg Bachmann - und die alle gehen mir furchtbar auf die Nerven."

Reiß-Grassicki: Ja, und?

Teelöffel: Das stammt von Ihnen.

Reiß-Grassicki: Ja, und?

Teelöffel: Es ist eine dreifache dichterinnenfeindliche Äußerung!

Reiß-Grassicki: Nein, nein, nein. Ein Nervenleiden.

Teelöffel: Jetzt verharmlosen Sie! Jetzt wollen Sie den wahren

Grund für Ihre Aggressionen bemänteln. Sie sind der größte Büchermacho deutschen Federkiels. Und Sie haben in Ihrer langen sklavenhalterischen Kritikerkarriere mehr als einmal durchblicken lassen, was Sie von einer Dichterfrau erwarten: „stumme Anbetung mit Maschineschreiben".

Reiß-Grassicki: Da habe ich nur Arno Schmidt zitiert.

Teelöffel: Benutzt haben Sie ihn, den Ahnungslosen. Und haben mit Ihrem Schmidt-Schmutz alle lebenden, toten und noch ungeborenen Dichterinnen mit Dreck beworfen - Sie..., Sie... Professor Unrat, Sie!

Reiß-Grassicki: Reine Nervensache. Aber halten Sie sich im Zaume, verehrte Schöpfkelle, sonst muß ich Ihnen - metaphorisch gesprochen - eine langen. Ich verstehe gar nicht, was Sie gegen maschineschreibende Dichterfrauen haben... Es gibt Schlimmeres.

Teelöffel: So? Was denn?

Reiß-Grassicki: Kritikerinnen.

Herausgeber: Interessant. Wo ist denn das Buch erschienen? Vielleicht läßt sich über eine Lizenzausgabe für unseren Verlag verhandeln.

Parascheck: Darf ich darauf aufmerksam machen, daß vielleicht auch noch andere Kritiker...

Teelöffel: ...darauf brennen, sich mit einer eigenen Buchausgabe zu schmücken - darauf wollen Sie Schnäppchenschreiber doch hinaus.

Parascheck: Ladys first.

Stimme aus dem Publikum: Die Dame und die Herren der Kritikerzunft werden entschuldigen...

Teelöffel: Ruhe, Mann! Lenken Sie doch jetzt nicht ab! Ich komme mir ja vor wie in einem abgekarteten Maso-Macho-Quartett.

Stimme aus dem Publikum: Nein, entschuldigen Sie, mein Name ist Fonty. Ich bin sozusagen eine zerrissene Existenz...

Reiß-Grassicki: Fonty? Fonty? Mein Gott, wie grässlich!

Fonty: Man hat mich nicht nur verrissen, sondern mein Schicksal auch noch zum Fallbeispiel erklärt. In den Medien wurde über mich gelästert. Als ich mich selbst dazu äußern wollte, waren alle Schlagzeilen schon besetzt. Nicht einmal in meinem eigenen Buch „Der Fall Fonty" läßt man mich zu Wort kommen.

Herausgeber: Interessant. Wo ist denn das Werk erschienen? Vielleicht könnte man über eine Lizenzausgabe...?

Reiß-Grassicki: Danke, es grassiert schon.

Teelöffel: Und Sie sind wirklich der arme, alte Fonty?

Reiß-Grassicki: Hinweg!

Parascheck: Hinab, Herr Quartettführer.

Teelöffel: Hinan, heißt es bei Goethe.

Reiß-Grassicki: Genug, habe ich gesagt. Wir sind jetzt nicht auf dem Kickelhahn, sondern ganz unten. Dieses ambitionierte Männlein dort behauptet allen Ernstes, der unsterbliche Theodor Fontane zu sein...

Fonty: Fonty ist mein Name, einfach Fonty.

Reiß-Grassicki: Hören Sie auf zu faseln. Der märkische Dichtervater würde sich in seinem Sandgrab umdrehen, wenn er wüßte, was für eine Fontanelle man ihm da unterschieben will. Aber kommen wir wieder zur Sache, meine Herrschaften. Reden wir über diese Kopfgeburt hinweg, reden wir wieder über Literatur...

Fonty: Aber Großkritiker, was hast du für große Ohren?

Reiß-Grassicki: Würden Sie diesen Bastard bitte aus meiner Sendung entfernen!

Fonty: Aber Großkritiker, was hast du für große Hände?

Reiß-Grassicki: Muß man sich als Person der Zeitgeschichte denn heutzutage alles bieten lassen?! Sind wir denn hier auf dem Rummelplatz?

Herausgeber: Interessant. Was halten Sie denn da in den Händen, Herr Inquisitor? Ist das nicht dieser... dieser Roman... von diesem... Günter... äh?

Reiß-Grassicki: Grässlich!

Fonty: Aber Großkritiker, was hast du für ein großes...?

Reiß-Grassicki: Maul halten, sage ich, sonst reiß ich dich in Fetzen!

Teelöffel: Was für ein Stil! Immer auf die Wehrlosen und Frauen.

Parascheck: Kriege ich nun ein eigenes Kritikerbuch oder nicht?

Teelöffel: Das männlich Eitle zieht ihn hinab.

Parascheck: Hinauf, meine Liebe, noch immer hinauf.

Reiß-Grassicki: Zum allerletzten Mal: Hinan!!!

Fonty: Aber Großkritiker, warum...

Reiß-Grassicki: Ruhe, verdammt noch mal, gib endlich Ruhe!

Fonty: ...warum verreißen Sie...

Reiß-Grassicki: Fort mit der Fontanelle!

Fonty: ...verreißen Sie...

Reiß-Grassicki: Fort! Fort! Fort!

Fonty: ...verrei...

Reiß-Grassicki: Haps!

Teelöffel: Vorsicht, nicht schlucken!

Reiß-Grassicki: Hmmmm... hmmmm!

Teelöffel: Nicht würgen!

Fonty: Vater Gün...!

Parascheck: Armer Schlucker.

Teelöffel: Um Himmels willen, Sie hätten ihn nicht hinunterschlingen dürfen. Das arme Fondue!

Reiß-Grassicki: Rülps.

Herausgeber: Wie, sagten Sie, heißt gleich das köstliche Menü?

Teelöffel: Das war Ruf-, Reiß- und Schluckmord!

Parascheck: Ich habe nichts gegessen.

Teelöffel: Mord! Mord! Mord!

Reiß-Grassicki: Nein, das ist ja... Rülps!... wie im... Rülps!... Fernsehen! Schluß! Aus! Vorhang!

Man faßt an
den Dolch in der Tasche...

Wir hatten es immer geahnt: Mit dem Dichtergenie stimmt etwas nicht. Wer in seiner Sturm-und-Drang-Periode so überschwenglich Mädchenverse reimt, in den Reifejahren verheiratete Frauen anbetet und in fortlaufenden Affären Dichtung mit Wahrheit vermengt, mit dem stimmt etwas nicht. Wer erst mit 37 ins Sexualleben eintritt und bis nach Italien flüchtet, um den Verkehr mit einem Weib aufzunehmen, und als 74jähriger behauptet, noch mit einer 17jährigen was zu schaffen zu haben - mit dem stimmt etwas nicht. Nun dürfen wir uns sicher sein: Goethe war nicht nur ein „Weiberhasser". Er war vor allem Liebling der literarischen Jungmännerwelt und stets bemüht, seine „homoerotischen Neigungen" zu unterdrücken. Dies behauptet Karl Hugo Pruys, Autor der ersten „erotischen" Goethe-Biographie „Die Liebkosungen des Tigers".

Mit anderen Worten: Goethe war schwul. Oder bisexuell. Vermutlich omnipotent. Auf jeden Fall anders, als den Konservativen unter uns Goethe-Verehrern lieb ist. Friederike, Käthchen, Lili, Lotte und Co. - alles Alibi-Frauen. Nichts mit Gretchen. Keine (Char)Lottereien. Nur Säuseln in Sesenheim. Busenfreunde, zeigt Pruys, umschwärmten den Dichter wie Motten das Licht. Und als Beleg häuft der Autor Briefstellen an. Nehmen wir den Fritz Jacobi-Komplex: „Lieber", schrieb der an Goethe, „ich bebe vor dem Drängen zu dir hin, wenn's mich so ganz faßt." Oder das Zimmermann-Lavater-Syndrom (beide zog es in den Dunstkreis des Genies); 1777 beichtet der Arzt Johann Georg Zimmermann dem Zürcher Physiognomisten: „Die Liebkosungen von Goethe schienen mir die Liebkosun-

gen eines Tigers. Man faßt unter seinen Umarmungen immer
an den Dolch in der Tasche..."

Wie fest hatte Goethe sie im Griff? Oder sie ihn? Diese Frage,
fordert Pruys, beschäftige endlich die Fachwelt zwischen Weimar und Frankfurt am Main. Aus der Stiftung Weimarer Klassik kommt ein kopfschüttelndes: Alles Unsinn! Die tiefleiden-
schaftlichen Briefe vor allem des jungen Goethe an Schriftsteller und Intellektuelle hätten nichts mit Homosexualität zu tun,
sondern waren der Geist des Sturm und Drang. Die jungen
Genies, die sich um 1770 im Kreis des Dichters bewegten, wären
schwärmerische und weibliche Naturen gewesen. Sie schrie-
ben und zechten und badeten auch nackt zusammen. Aber es
stimme, daß Goethe bis zu seiner späteren Frau Christiane
Vulpius keinerlei sexuelle Liebesbeziehungen zu jungen Frau-
en gehabt hätte. Aha, konstatiert der Erotiker. Na und, achsel-
zucken die Germanisten. Und nun? drängt das Lesevolk auf
Aufklärung: War Goethe nun schwul bis in die/den Faust?

Gespannte Erwartung im Weimarer Wittumspalais. Dort fei-
ert der Freundeskreis des Goethe-Nationalmuseums ein Jubi-
läum. Mit Festrede, Rapport und kaltem Buffet. Der Höhepunkt zum Schluß: Das Bonner Freundeskreis-Mitglied Karl
Hugo Pruys stellt sich dem Auditorium. Keine Lesung. Eine
schwülstige Rede. „Mein einziger Wunsch war und ist es, in
einem Geist der Klarheit und Wahrheit über Goethe... etwas
auszusagen, wovon zu sprechen manchem Goethe-Freund immer noch schwerfällt." Nach jedem zweiten Satz ein Schwenk
in die Kamera. Das ZDF sitzt in der ersten Reihe. Es hätte
schon, frohlockt der 59jährige, körperlich kleine Pruys, kräftig
hinter den Kulissen gerumpelt. Man möge doch herauskom-
men und offen die Klinge kreuzen. Erst vor wenigen Tagen, so
müssen die Goethe-Freunde erfahren, hätte man ihn darauf
aufmerksam gemacht, daß sich vier amerikanische Germanisten in der renommierten Stanford University Press über das
Thema Gleichgeschlechtlichkeit bei Goethe verbreiteten und

als Titel die Schlagzeile wählten: „Outing Goethe and his Age".
Gewiß ein Schritt in die richtige Richtung. Doch: „Wer mein
Buch zur Hand nimmt", versichert Pruys, „wird mir vermut-
lich mehr Taktgefühl zuschreiben als er bereit wäre, den amerikanischen Kollegen zuzubilligen..."
Die Goethe-Verehrer in Weimar verspüren keine Lust, mit dem
Tiger-Freund die Klinge zu kreuzen. Sie lassen den Dolch in
der Tasche. Der Taktvolle ist bereits Verfasser einer völlig
unerotischen Kohl-Biographie. Was haben, fragen sie sich, der
Weimarer und der Bonner Klassiker gemein? Den Trieb zur
Vereinigung? Pruys hat ihn aufgespürt. Doch eigentlich, so er-
fährt man am Ende seines Goethe-Werks, wollte er diesmal gar
keine Biographie, sondern ein „Kompendium der Liebe" schreiben. Doch dann geriet es wohl mehr und mehr zum Adreß-
buch „homoerotischer Neigungen". Zu einem Who's who der
männlich-verbalen Liebkosungen. Wieland: „Ich hätte Goethe
vor Liebe fressen mögen." Eckermann: „Goethe hassen, Ich!
Man kann ihn nur lieben, lieben, lieben."

Lotterei auf dem Lande

Goethe: Stadelmann?
Diener: Ja, Geheimrat.
Goethe: Was gibt es Neues in der Stadt?
Diener: Weimar schmückt sich für Europa. Der Bürger staunt Programmbauklötzer und weidet sich an einem Rindvieh.
Goethe: An einem Rindvieh?
Diener: Weimars künftiges Maskottchen - die Heilige Kulturstadtkuh. Gestern war sie vorm Gartenhaus angepflockt und bewegte sich wiederkäuend über abgesteckte und mit Symbolen bedachte Felder. Eine Art Kuhroulette. Die Bürger sahen dem Treiben zu und warteten gespannt, über welchem Kästchen sich die Kreatur entleeren würde...
Goethe: Sie hätten die Schloßwache alarmieren sollen, Stadelmann.
Diener: Das harmlose Spiel dauerte nur eine halbe Stunde. Erst wollte das Tier ja nicht. Dann aber hat es doch...
Goethe: Was?
Diener: Ich konnte es vom Gartentor aus gut sehen. Einen Klacks für den Landesvater, einen für den Oberbürgermeister und dann einen ziemlich großen Haufen genau über dem Kästchen vom Frauenplan. Die Weimarer haben sich vor Begeisterung fast in die Hosen gemacht.
Goethe: Sie haben wieder getrunken, Stadelmann!
Diener: Ich schwöre, nein. Nur ein Gläschen in Ehren.
Goethe: Auf den Frauenplan! Müssen wir dergleichen über uns verkleckern lassen? Solch ein Gewimmel möcht ich sehn, / Auf freier Erde mit freier Herde stehn...
Diener: Oh, Exzellenz arbeiten wieder am „Faust" - Feinkost für die Germanisten, Ihre gründlichsten Futterverwerter.
Goethe: Meine getreuesten Wiederkäuer... Aber sagen Sie, Stadel-

mann, wo ist dieses..., dieses Kulturstadtkalb?

Diener: Man mästet es täglich im Park. Heute morgen sah ich es hinterm Kubus am Ilmufer weiden.

Goethe: Womöglich eine Theaterkuh.

Diener: Nein, eher ein Bauhausrind. Genau gesagt: ein armes, unbescholtenes Öchslein vom Lande. In der Schloßküche erzählt man, es sei von einem Mellinger Bauernhof nach Weimar entführt worden. Die Bande hätte angedroht, den Ochsen 1999 als „Heilige Kuh von Weimar" in der Stadt herumirren zu lassen.

Goethe: Was sagt denn der Hof dazu?

Diener: Der Großherzog hat schallend gelacht. Amalia ist empört. Sie hat versucht, das Tier in ihre Bibliothek zu locken, doch es hörte nicht auf sie.

Goethe: Hat's denn keinen Namen?

Diener: Die Kinder rufen es Charlotte.

Goethe: So, so... Charlotte.

Diener: Natürlich eine Verunglimpfung der Frau von Stein!

Goethe: Ach was. Lottes Marktwert wird steigen. Bald werden die Leute nicht mehr meinetwegen, sondern nur noch wegen dieser Kuh nach Weimar kommen.

Diener: Das ist noch nicht alles, Exzellenz. Die Kinder schwärmen davon, daß diese..., daß Charlotte 1999 verdoppelt werden soll.

Goethe: Ein doppeltes Lottchen - Teufel nochmal, wer plant denn soetwas?

Diener: Ein gewisser Kauffmann...

Goethe: Von Venedig?

Diener: Nein, aus dem Norden. Der Kulturstadtbeauftragte will bei dieser Gelegenheit auch Ihr Gartenhaus verdoppeln, ach was, verdreifachen lassen.

Goethe: Sie schauen so glasig, Stadelmann.

Diener: Ich schwöre, nur ein Gläschen, Geheimrat. Höchstens zwei...

Goethe: Was sagen Sie da? Drei Gartenhäuser auf einem Fleck! Und zwei Lotten auf einen Streich...!

Diener: Sie nennen es Kultimedia - eine Art Zauberspiegel oder moderner Hexenküche.

Goethe: Und dieser Kuh-Klux-Klon, oder wie der Zauberverein sich nennt, will 1999 wirklich mein Haus und die Kuh kopieren? Ich hoffe, es kommt zu keiner klassischen Kettenreaktion...

Diener: Geheimrat befürchten eine grenzenlose Lotterei?

Goethe: Heutzutage scheint ja jeder Kuhmist möglich. - Stadelmann?

Diener: Ja, Geheimrat.

Goethe: Bestellen Sie die Kutsche. Und sagen Sie Christianen, sie möge ein paar Sachen zusammenpacken. Morgen früh brechen wir auf.

Diener: Aber, um Gottes willen, wohin denn?

Goethe: Nach Italien.

Diener: Nach Italien? Im 99er Jahr!

Goethe: Hier wird man meinen Geburtstag auch ohne uns feiern... Aber Sie blicken mich so entsetzt an, Stadelmann.

Diener: Ich weiß nicht...

Goethe: Was?

Diener: Exzellenz haben...

Goethe: Ja?

Diener: ...haben sich...

Goethe: Ja, was ist denn, Stadelmann?

Diener: ...bereits verdoppelt!

Goethe: Genug jetzt! Stadelmann, rücken Sie die Flasche heraus! Sie hören ab sofort auf zu trinken. Und Sie... Nanu, Eckermann, was machen Sie denn hier?! Ach, Sie haben alles mitgehört? Ich bitte Sie, teuerster Freund, schreiben Sie ja nichts auf. Lassen Sie um Himmels willen die verdammte Kuh auf der Weide. Und kein Wort zu Charlotte. Sonst hängt man mir auch diesen Fladen noch an.

Hase und Jäger

Freut euch, ihr Jägersleut, bald gibt's den „Jäger light"! Der leidige „Jäger 90" ist nämlich längst aus dem Rennen. Es jage unser „Eurofighter 2000"!

Zwar ein nicht weniger nutzloses und keinesfalls billigeres Jagdgerät, doch ausgestattet mit allen nur erdenklichen Vorzügen: Der „Eurofighter" kann als Bumerang zollfrei eingeflogen und problemlos als landwirtschaftliches Ackergerät wieder ausgeschifft werden. Er behindert weder den städtischen Nahverkehr noch verstopft er die Autobahnen. Er gilt sogar als besonders umweltverträglich (kommt zum Beispiel ganz ohne Verpackung aus) und läßt sich an Öko-Tagen leicht als Friedenspfeife tarnen. Falls mit Katalysator nachrüstbar, sollte man ihn für den grünen Punkt vorschlagen. Dann läßt er sich nach dem Absturz schneller recyceln.

Frisch auf, Weidsleute von der Bonner Jagdhöhe, was zögert ihr noch? Blast, was das Rüstzeug hält, zum fröhlichen Sausen in den Lüften! Mit dem „Jäger light" wird nämlich nicht nur dem Weidmann leichter ums Herz. Pfeifend weckt uns dieses Überschallgeschoß aus tiefstem Freizeitschlaf und sichert zudem auch noch Arbeitsplätze. Eine knallharte Investition in die friedliche Zukunft, wie endlich auch die um ihre Existenz besorgte Hausfrau begreift. Und ihr Eigenheim gegen Jagdunfälle versichern läßt.

Und noch etwas, liebe Jaguare in den graugrünen Tarnröcken: Wenn ihr rechtzeitig und mit aller gebotenen Sorgfalt eure Formulare ausfüllt, könnt ihr den „Jäger light" sogar von der Steuer absetzen. Nur über eines müßten wir uns, bevor die Pirsch am Himmel zum volldüsigen Kesseltreiben schwadroniert, noch klarwerden: Wen, zum Teufel, jagen wir eigentlich? Wer ist bereit, den Pappmann zu spielen? Wer, verdammt noch mal, macht uns den Hasen?

Gib uns Saurus!

„Wie füttert man einen Esel?" So fragte sich einst ein liebenswertes DEFA-Lustspiel, in dem man Manfred Krug als Fernfahrer durchs exotische Bulgarien touren sah. Wer hätte damals geglaubt, daß diese Frage einmal ganz Hollywood und somit die Welt beschäftigen würde. Kein Geringerer als Bronto Steven Spielberg griff den alten „Esel" auf und übertrug ihn ins Amerikanische: „Wie füttert man eine Echse?" Das klang zwar aufregend, doch die Antwort geriet so fast-food, daß der für seine Tierliebe (siehe „Weißer Hai") berühmte Filmdompteur sie häppchenweise über dem „Jurassic Park" verklekkern ließ: Als Vorspeise eine blökende Kuh und eine meckernde Ziege, im Hauptgang ein paar ausgewachsene Mannsbilder und zum Nachtisch zwei kreischende Kinder. Keine Angst, das Mädchen und der Bube wurden nicht wirklich zerfleischt, der sie jagende Tyrannus zerlegt sie nur mit Blicken. Ein rein platonisches Gemetzel. Sonst wäre das exotische Filmmenü ja kein Fressen für Millionen zahlender Kino-Dino-Kinder.

Ach, du fröhliches E.T. - Spielbergs Babyface aus der anderen Welt hatte noch fleißig in Grimms Märchenbuch geschmökert. Kinder lieben nunmal Bucklige, Ausländer und Außerirdische. Sie suchen die Begegnung mit der dritten Art. Darauf ließ sich eine Filmsinfonie der Toleranz komponieren. Dann jedoch wollte der Dollar aus der Mücke einen Saurier machen. Und alle Worte verloren sich im Sumpf.

Hat Spielberg, das große Leinwandwickelkind, nun endlich ausgespielt? Man kann sein Echsengehäcksel drehen und wenden, wie man will, der Bodensatz bleibt stets der gleiche: Rex, rex, gib ihm Saurus! Wem? Nun, uns allen, die wir uns auf die platte Fährte locken lassen, die nicht nur quer über die Kinoleinwand, sondern längst durch alle Spielzeugläden bis in die Süßwarengeschäfte gelegt ist. Wo schon der schokoladenbraune Jackson-Michel mit verführerischem Schmelz auf seinen Verzehr wartet. Er liebe, erinnerte sich der knusprige Goldknabe aus der Popbranche, Dollarbruder Spielberg so sehr, daß er bei seinen Filmen immerzu weinen müsse. Krokodilstränen, versteht sich. Der Grund liegt auf der Hand: Michael Jackson hofft auf Wiedergeburt. Als singender Saurier der geflügelten Art. Spielberg hingegen scheint endlich dort gestrandet, wohin es ihn schon immer spülte: an der Börse. Und steht hoch im Kurs. Nicht nur bei den schreibenden Chaos-Forschern im Feuilleton. Auch mehr und mehr Gläubige bekennen sich, in Erwartung des Endfilmzeitalters, öffentlich zum ausgestorbenen Urvieh. Nur, wenn schon bald wieder ein Saurer Oscar-Regen über dem Jurassic-Quark niedergeht, sollte an Bronto Steven nichts kleben bleiben. Der Nachruhm gebührt ohnehin seinen computerkrächzenden Echsen. Die bieten nicht nur die überzeugendere schauspielerische Leistung, sondern hinterlassen auch die eindrucksvolleren Exkremente.

P.S.: Nach einem bemerkenswerten Abstecher in die jüngere Menschheitsgeschichte mit dem Holocaust-Epos „Schindlers Liste" ist Steven Spielberg wieder zu seinen Goldechsen zurückgekehrt. Jurassic-Quark II („Forget it!") übertrifft den Vorgänger noch an technischer Perfektion und künstlerischer Einfalt. Dramaturgischer Gipfel: Wie füttert man ein Rudel Raptoren? - Häppchenweise mit Großwildjägern. Da das nach Nordamerika entführte T. Rex-Baby von Tierschützern gerettet und auf die Insel zurückgebracht wird, ist ein dritter Aufguß der Saurier-Saga nicht mehr auszuschließen. Der Sumpf scheint fruchtbar noch...

Die Taubritter kommen

Mütter, schließt eure Kinder ein! Radfahrer, übt das Vaterunser! Ihr lieben Rentnersleut, bleibt zu Hause und laßt keinen Hund mehr auf die Straße! Die Taubritter kommen...
Schon brausen sie heran auf kleppernden Kotflügeln, die Motorhaube frisch gelackt, schnittige Recken der Landstraße. Hinterdrein auf Zwickauer Maultier der Knappe. Zerknautscht seine Pappe. Mit mageren Pferdestärken darf er gerade mal das Vorspiel bestreiten. Das Turnier beginnt in höheren Kubikräumen. Die Unfallgegner reizen sich aus: Achtzig, hundert, hundertvierzig, hundertachtzig - porsche! Sei ja versichert. Luschen werden weggedrückt. Durchmarsch der bösen Buben...
Wo bleiben nur die Albernaiven zur staatlich geförderten Taubritterei? Bahne frei, Bundes-Ei? Munter runter von der Schiene? Näppisches Nahverkehrskonzept: Tausche Fahr- gegen Führerschein. Der Chauffeur verläßt als letzter seinen Geisterbus. Bonner Wahn, Wahn, Wahn auf der Autobahn. Solange Lichthupe Trumpf ist, wird die Vernunft an die Leitplanke gedrückt. Bedrohen Spritkanister besorgte Familienväter. Werden Frauen gejagt von Rittern ohne Furcht und Adel. Es lebe die Karosse als künstliche Fortsetzung der natürlich gewachsenen Hornhaut! Hohl das Hirn, wenn sich das Blut im Bleifuß staut. Wozu ist die Straße da - zum Rasieren. Der Wald stirbt schwarz und schweiget im Abgasnebel wunderbar...
Längst haben auf der Landstraße Fuchs und Füchsin einander Lebewohl gesagt. Des einen sein Uhl wird des andern sein Totenvogel. Augen zu, wer kein Blut sehen kann. Über Mahnkreuze weht der Fahrtwind. Vorwärts, und rasend vergessen...!
Und immer fröhlich weiter und breiter im Abgasstrom. Hab mein Wage voll gelade... Im Frühstau in die Berge... Komm

nicht mal zum Städtele hinaus... Schon breitet der Frühling sein graues Betonband über Wald und Flure. Wiesen werden zugeparkt. Schau dich nur um, der Automarder geht rum. Wer heut noch eine Katze hat, / hat bald keine mehr... Wo heut noch Gras wächst, / wird kein Halm mehr bleiben... - Wann ist es Zeit, oh Haribo?!

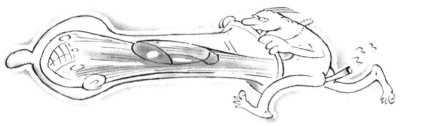

Meine Katze würde Whisky saufen

Sehr geehrter Herr..., es ist soweit..." Der Schreck fährt mir mit der Anrede in die Glieder. Nein, das Schreiben kommt nicht vom Bestattungsinstitut, es gibt sich unternehmungslustig, beinahe verwegen. Ich solle mir, rät eines meiner Reisebüros, mit denen ich in persönlicher Briefverbindung stehe, endlich einmal Ruhe gönnen. Nicht die letzte, noch nicht, „schöne Ferien" erstmal. Und für den Fall, daß ich selber keinen passenden Ferienort wüßte, hält das Schreiben ein Dutzend Vorschläge parat: das ruhige Mallorca, zum Beispiel. Oder das von Touristen verschonte Ibiza. Gewiß sei auch Lanzarote recht menschenscheu...

Ehe ich die nächste Postwurfsendung aufreiße, gestatte ich mir einen tiefen Schluck aus der Whiskyflasche - Zufallsgewinn bei einem Preisausschreiben, an dem ich nicht teilgenommen habe; das hochprozentige Stimulum bescherte mir vermutlich ein Computervirus in der Adressendatei.

„...Ihnen und Ihren Angehörigen alles Gute!"

Der blümelige Brief entblättert sich als persönliches Glückwunschschreiben aus einem mir ganzjährig gewogenen Versandhaus. Versandhäuser sind neben Autofirmen und Lebensversicherungen am emsigsten um mein Wohlergehen besorgt. An jedem Geburtstag wünscht man mir Gesundheit und nicht nachlassende Kaufkraft. Diesmal sendet mir Herr Otto Klingelquelle freundlich die 364. Aufforderung, endlich seine warenhausgebundene Lebens-Hausrats-Unfall-Renten-Begräbnis-Zusatzversicherung abzuschließen. Leider habe ich schon drei Urnen-Gutscheine gratis und rechne - hoffentlich! - mit nur einem Tod; oder bietet mir jemand Rabatt auf meine Himmelfahrt?

Zum Wohle! Oh Gott, schon wieder Post von Scientology - eine regelrechte Sektenplage! Dagegen helfen weder Mausegift noch Fliegentod, nur noch der Reißwolf. Oder benötige ich vielleicht doch einen Chefsessel in der organisierten Gehirnwäscherei? Nein, lieber noch einen Whisky.

Was brachte die Postfrau noch? Grüße von Brockhaus, vom deutschen Münzhandel und von Halbert's Familien-Weltbuch: „Sehr geehrter Herr..., nach vielen Jahren intensiver Nachforschungen sind wir nun soweit, ein Buch über Ihren Namen herauszugeben. Sie sind in diesem Buch aufgeführt. Es kann Ihnen wichtige Hinweise für Ihre Ahnenforschung geben und kostet 89 Mark zuzüglich sieben Mark Porto." Was sagt der Ahnungsvolle zu solchem Angebot? - Sehr ehrenwerter Herr Weltbuch-Verleger, als langjähriger Hobby-Ahnenforscher muß ich mich doch sehr wundern: 1. Was geht Sie mein Name an? 2. Mein Name ist so selten, daß Sie nie und nimmer ein Buch damit füllen können. Und 3. schon gar nicht für diesen unverschämten Preis!

Whisky - und weiter in der Post. Wer schreibt mir noch? Ein modisches Bekleidungshaus mit angeschlossenem Schuhlager. Der „Schlanke Schick" schickt ein großes Gold-Ei-Gewinnlos. Wenn ich es zusammen mit einer Lederschuhbestellung zurücksendete, gewänne ich bestimmt das rote Mercedes-Cabriolet und bekäme noch ein Handgelenk-Radio gratis. Schicker Unsinn - was soll ich mit einem Walkman am Ärmel?

Ah, geschäftliche Grüße von meiner Leib-und-Magenbank! Zum Wohle!

Was denn, hat sie schon wieder neue Fonds-Töpfe, in die einzuzahlen meinem Konto gut täte? Wie, ich soll die Aktien gleich per Telefon ordern? Ja, aber sehr geehrter Herr Zinsdeckel, leider habe ich gar kein Telefon. Noch immer nicht, obgleich mir die Telekom mit ihren Versprechungen langsam auf die Leitung geht. Prost, ihr Glasfaselexperten, kein Anschluß unter dieser Flasche!

Nanu, was lesen wir denn hier? Einen netten Gruß, so ganz außer der Reihe? „Lieber Herr...!" Ja ja, kennen wir schon. „Ist es nicht herrlich, wenn jetzt die sonnigen Tage wieder bis in den späten Abend gehen?" Aber sicher, Frau Borrmann, herrlich ist gar kein Ausdruck. „Da erwachen auch bei Katzen verborgene Gefühle - mit dem Ergebnis, daß manche Mieze einem erfreulichen Ereignis entgegensieht." Auch sie? Nun, da geht es den Katzen doch beinahe wie den Menschen. Aber worauf schnurren Sie, liebe Uschi Borrmann, eigentlich hinaus? „Wir möchten Sie jetzt", lese ich mit wachsendem Mißtrauen, „für Ihre Treue belohnen! Bestimmt wird auch Ihre Katze..."

Potzblitz, da ist er wieder, der Schreck aus heiterem Himmel. „Meine" Katze?! Hat mir da etwa der Postbote heimlich einen Perserkaterkarton untergeschoben? Oder eine Siamskatzenluftfracht durch den Schornstein geworfen? Einen Moment, Frau Uschi, ich durchsuche nur mal rasch Keller, Kammer und Dachboden... Gott sei dank, nichts! Kein Schwanz, kein Katzenhaar. Nur der fransende Bettvorleger. „...bestimmt", läßt sich Mauz Borrmann nicht beirren, „wird auch Ihre Katze Sie belohnen - vielleicht mit einem wohligen Schnurren, während Sie in aller Ruhe diese Whiskas-Katzenwelt durchschmökern." Diese was?! Schluck und Doppelschluck. Keine Bange, Frau Schnurrmann aus der - Prosit! - Katzen-Whisky-Welt hat an alles gedacht. Selbst an ausgefallene Leckerlektüre. „Für spezielle Bedürfnisse", schreibt mir die Naschkatzenmutter, „hat Whiskas jetzt eine spezielle Nahrung: das neue Whiskas-Advance. Damit gibt es jetzt auch für Katzen, deren Ernährungsplan mit besonderer Sorgfalt zusammengestellt werden sollte..." Ernährungsplan?! Für Katzenkinder? Was - Schluck - heißt - Schluckauf - denn das? Etwa die fortschrittliche Buschi-Orrmann-Katzen-Diät? Da sträubt sich einem ja das Zwerchfell. Ade, Lies-mich-friß-mich-Treue-Aktion! Solches kommt mir nimmer in mein Katzenhaus! Weitere Prost, äh, Post? Noch

ein - Whiskas - allerletzter - Whisky - Brief: „Sehr geehrter Herr...! Herzlichen Glückwunsch, Sie sind ein Glückspilz. Sie haben bei unserem Preisausschreiben einen Karton Whisky gewonnen...“

Was denn, schon wieder? Nein, nein, nur kein Whiskas mehr! Ich vertrag es nicht. Ich werde mich im Briefkasten verschanzen und jede Brieftaube einzeln abknallen. Liebe gute Postfrau, bleiben Sie mir vom Schlitz! Sonst gehe ich hoch wie eine Bombe. Oh, Gott! Verdammt! Nun ist's soweit! Wo, wo in aller Whiskas-Whisky-Whirlpool Namen ist denn hier das Katzenklo?

P.S.: Die namentlich im Text genannten Firmen und Vertreter-Innen sind nur insofern persönlich gemeint, wie sie auch mich namentlich und persönlich gemeint haben wollten.

Kost the Ost!

DDR-Rollmops ist Trumpf, Saßnitzer, in Gewürzaufguß. Bautzener Speisesenf gibt die Würze, extra scharf-pikant. Mangel an Tomaten-Ketchup von VEB Exzellent Dresden hätte um einen Klecks vorzeitig die politische Wende ausgelöst. Darauf einen tiefen Schluck Prima Sprit, Marke Bärensiegel, feuergefährlich, Brandklasse B1. Motto: „Für den Schwung beim Überholen / wird nur Prima Sprit empfohlen."

Wir spielen sozialistisches Freß-und-Sauf-Quartett: drei Kultur-Ossis und ein Politik-Wessi. Die Spielkarten tragen die Etiketten einer vergangenen, unverdauten Zeit. DDR-Design von Flasche, Büchse und Dose. Zug um Zug kommt unsereinem wieder was hoch: ein Pfund Rotkohl aus dem Glas, eine Flasche klebriger Wurzelpeter, ein aus Club-Cola, Zitrone und Likör gemixter Teledrink. Die letzte Chester-Käseecke haftet selbst nach sieben Jahren noch am Gaumen.

Kost the Ost! Schon legt Redakteurin F., gesüßt von pikantem Frankfurter Pflaumenmus, ihre erste Produktreihe aus - Kirsch-, Apfel-, Pflaumen- und Johannisbeermarmelade - und trällert: „Brotaufstrich zum Einheitspreis / ist der Lohn für Volkes Fleiß". Redakteur Q. kontert mit vier Büchsen Gemüse von VEB Ogema und brummt: „Es fragt sich ernst der Funktionär: / Wie steigert man den Kohl-Verzehr?" Darauf weiß der Ressortchef eine Antwort, hebt beschwingt den Arm und blättert vier klare Spirituosen-Etiketten auf den Tisch: „Die östlichen Denker und Dichter / sind auf den Wodka erpichter".

Da staunt, die gesamte DDR-Pils-Palette noch auf der Hand, der Wessi über das russische Schnapsetikett. Wie schmeckt ein Wodka Lunikoff? Kost the Ost, Brother Whisky, und wir kommen der Einheit sto Gramm näher!

„Test the West!" ist out. „Kost the Ost!" heißt die neue Losung, ausgegeben vom Eulenspiegel-Verlag Berlin, der mit einem delikaten Etiketten-Quartett für 9 D-Mark 80 das westlich dominierte Geschmacksaufkommen bereichert. „Die 46 Spielkarten dokumentieren jenes Stück Gaumen-Geschichte, das die Ostdeutschen ins Gesamtdeutschland einbringen", verspricht die Spielanleitung und behält recht. Deftige Sprüche lassen Speisennostalgie gar nicht erst aufkommen: „Buntes Käseallerlei ist die Waffe der Partei." Leider - oder zum Glück? - werden die Geschmacksnerven nur optisch gereizt; der berühmte Pawlowsche Reflex jedoch läßt dem Allesschlucker-Ossi das Wasser im Munde zusammenlaufen, während der auf Bioprodukt-diät reduzierte Wessi trockenen Rachens die Lebensmittellektion schlucken muß: Lungenhaschee, Rindergulasch und Fleischklopse aus der Konsum-Konserve, Mekaha-Salami-Käse und Champignon-Käsecreme, Havelland-Süßkirschen, dunkel mit Stein, und tafelfertiges Birnenkompott, fünf Stück Berliner Bockwurst à 500 Gramm zum EVP 4,45 M... - Was bedeutet EVP?

Der Gaumenspezialist aus dem Sauerland streckt überfordert die Hände; sein weltgewandter Feinschmeckermagen rebelliert - soviel rustikale Ost-Kost auf ein Mahl? Recht so, zeigen sich die Ossis unnachgiebig, auch der Wessi muß lernen. Kost the Ost, Bruder Maggi! Der arme Kerl aus der freiheitlich-kulinarischen Knorr-Suppen-und-Soßen-Demokratie hat den grünen Pfeil der deutsch-deutschen Ampelkoalition noch nicht verdaut, da rollt schon mit Arbeiter-, Bauern- und Fleischermacht die Ostprodukt-Palette auf ihn zu.

Nichts als ausgleichende Gerechtigkeit. Test the West? Der Ossi tat's und tut es weiter. Der Westen schmeckt süß nach Coca-Cola, Fanta, Milka, Sarotti, Nutella, Nestle und Haribo. Nach frisch importierten Süd- und gefrorenen Meeresfrüchten und gewächshausgereiftem Gartengemüse. Statt ganzjährig Rot-, Weiß- und Sauerkraut nun zu jeder Tageszeit holländische Tomaten. Der von seiner Neugier getriebene Ossi hat selbst den Drive bei McDonald's getestet: Fast-food oder fad Frust?

Wir leben in hartleibigen Zeiten. Es kommen keine herz- und systemerweichenden Päckchen mehr. Jedenfalls nicht aus dem Westen. Warum auch. Der Freßluxus, nach dem sich der Mauer-Ossi einst verzehrte, liegt nun - sattelschlepperweise in die Supermärkte gekarrt - auf der Palette. Bei Kaufland, Allkauf, Aldi, Lidl, Spar, Plus, Edeka. Freilich geht's dem Ossi, bei Leibe betrachtet, im bunten Billigwarenparadies saumagenwohl. Selbst wenn ihm, sparpaketweise, das Leibchen enger und immer enger geschnallt wird, ein paar Kartoffelchips und Cornflakes rutschen noch rein. Aber tut wirklich alles wohl, was peppig aussieht und poppig angepriesen wird? Das neue Wirtschaftswunder: Der gesamte Osten mit Westprodukten überschwemmt. Der Markt in Neubundesland in Westwarenkettenhand. Aus der Mangelwirtschaft in die Wirtschaftsmangel? Dich vom Schlaraffenelend zu erlösen - hilf dir selbst, Bruder Ossi! Laß den Nordhäuser Doppelkorn klären, die Eberswalder Würstchen bocken, die Halloren-Kugeln rollen! Überschwemm' den Westen mit Rot- und Sauerkraut! Ost-Produkte ins Sauerland, an Rhein und Ruhr! Regulax, in Halbwürfeln zu genießen, sorgt, daß alles seinen Stuhlgang geht.

Warum, stöhnt der Politik-Wessi nach der dritten verlorenen „Kost the Ost"-Partie, zieh ich eigentlich immer den Schwarzen Peter? Spielen wir etwa mit gezinkten Karten? Darauf erwidern die Kultur-Ossis im Chor: „Der letzte Trost vom Volksvertreter / ist sein kleiner Wurzelpeter." Und: „Radeberger hebt zumeist / im Volke den Erfindergeist." Doch fühlen sich die Almosenempfänger von gestern den Solidarzuschlägern von heute zu tiefstem Dank verpflichtet. Öffnen für den kaufkraftgeschwächten Sauerländer ihre allerletzte Flasche Rotkäppchen-Sekt. Prosit, Bruder Wessi! Und Kopf hoch, die Ost-Pakete sind auf dem Weg!

Doller Harry

Hallo Dolly! riefen wir, als uns das erste geklonte Lamm aus seinen getreuen Mutteraugen anblickte. Es war als exakte Kopie aus dem Zellkern seines Stammschafes gezeugt worden und ahnt nicht einmal etwas davon. Dabei hat Dolly im Weißen Haus längst erhöhte Sicherheitsstufe ausgelöst. US-Präsident Billy nennt das Klonen ein besorgniserregendes Thema. Das meint auch Deutschlands Forschungsminister Rütti. Der behauptet zwar, den geklonten Menschen dürfe und werde es nie geben - aber ist er sich da so sicher?

Die Klons (laut Duden: durch künstlich herbeigeführte ungeschlechtliche Vermehrung entstandene genetisch identische Kopien von Lebewesen) sind längst unter uns. Und klonen unaufhaltsam weiter. Davor warnte schon der Schriftsteller Reinhard Lettau, als er im Zuge der deutschen Vereinigung nach 37 Jahren USA-Aufenthalt nach Berlin heimgekehrt war. Die Wessis, staunte er, seien geklonte Amerikaner. Ihre Sprache, ihre Kleidung, ihre ganzen Angewohnheiten - alles nachgemacht. Und jeder dritte trage eine amerikanische Mütze. Wenn das stimmt, was wird dann aus uns Ossis? Werden wir am Ende zu Wessis geklont? Der Verdacht läßt sich nicht so leicht zerstreuen, auch wenn die Kirche das Klonieren von Menschen zutiefst unmenschlich nennt. Jeder habe, verlangt die Schöpfung, das Recht, ein unverwechselbares Original zu sein. Nur nicht jedem gelingt es - nicht wahr, Dolly? Die Zeit der Einheitspartei und der Blauhemdsymbiose ist zwar vorbei, aber die Klongefahr keinesfalls gebannt. Regelrecht belämmert steht es heute um die Gilde der Talk- und Spielmaster, der Manager und Vertreter, der Bundestagsredner und Parteiensprecher, der Boygroups und Technopüppchen. Genossen und Geklone überall: Girlies werden Barbies. Realos werden Fundis. Fundis werden Dissis. Dissis werden Christie's ... Was ist schon ein parteiloses Lamm gegen einen Wurf kopflos geklonter Wahlkampffrösche?

Armes Dolly. Halten wir uns lieber an Harry. Der bleibt hochprozentig, was er ist: Deutschlands Original. Entertainer und Trinker. Ein Etikett mit unveränderlichen Zügen. Der reine Volksgeist aus der Flasche. Obwohl auch er schon unter schlimmen Depressionen leidet. Einmal, erzählt Harry, sei er Aug in Aug seinem Konterfei gegenübergesessen. Im Fernsehen lief die Sendung „Wie wär's heute mit Revue?" mit Harald Juhnke und Ingrid Steeger. Da war mir, gesteht Harry, als sei ich schon tot und guckte zurück auf das, was sich mit mir mal abgespielt hatte... Spricht so das populärste Schaf Deutschlands? Manchmal trinkt es Wodka und wird zum Clown.

Doller Harry!

Himmlische Bläue

*T*runken spannt sich der Himmelfahrtshimmel über Thüringens blaue Berge. Bierdunst steigt aus Schluchten und Tälern. Vom Rennsteig tönen anheimelnde Lindenberg-Klänge: Wo ich meinen Hut hinhäng', dort ist mein Zuhause... Mützen baumeln an Stuhllehnen, während sich Männerkehlen an grottenkühlem Gerstensaft laben. So frei, frei, frei blüht der Enzian, im Wald und auf der Heidi...!

Himmelfahrt, das ist eine uralte Männerrebellion gegen die ewig weibliche Vormundschaft. Alljährlich wiederkehrender Ausnahmezustand, in dem Vati-hilft-gern, archaischen Instinkten folgend, zur Selbsthilfe greift und sich am Flaschenhals einen kleinen Ausbruch genehmigt. Heraus aus 364tägiger familiärer Abhängigkeit. Fort vom Sog der Spüle und des Staubsaugers. Fahnenflucht vor Windel, Kindl und Katz. Zurück zur Natur des Stammhalters. Von seinem Ehe-Elend kann Mann nur selber sich erlösen... In der Regel wagt der seiner Freiheit Entwöhnte diesen Schritt nicht allein, sondern im röhrenden Rudel. Und zelebriert ihn laut und fröhlich, um auch den leisesten Zweifel in sich zu übertölpeln.

Die Frau läßt ihn ziehen. Wohl wissend, daß Himmelfahrt auch nach zweitausend Jahren noch auf geschlechtlicher Arbeitsteilung basiert: Er säuft, sie wischt's abends auf. Er geht fremd, und sie muß am Morgen sein Mißtrauen ertragen.

Doch diesmal, nach feucht-fröhlicher Nacht in der Fremde, wischt und läuft nichts mehr. Diesmal bleibt die Frau hart und das Paradies des Mannes für immer verschlossen. Umsonst die heilige Ernüchterung. Vergeblich die reuig erneuerten Schwüre. Da hilft kein Betteln und kein Beten. Da weiß selbst Gottvater nach dem Vatertag nicht mehr weiter: ...denn ewig bockt das Weib. Bockt und läßt sich nicht mehr locken. So darf der Mann im Manne getrost zum Himmel fahren.

Ein Thüringer in New York

Highway - Subway - Broadway - Bauchweh

New York, New York! Neu-Jork, wie der Schweizer Emil Steinberger intonieren würde: Zweisilbige Stadt - alles senkrecht - Wilhelm Tells Big Apple in Amerika.

Ein Schweizer namens Max, Mitarbeiter bei New World Travel, lädt zum Begrüßungsdinner in Pete's Tavern - Mischung aus Pub, Steakhouse und Gyrosgrotte. Gelegenheit, die Megastadt bei Nacht zu erleben. Ihr Zentrum kennt keine Dunkelheit, höchstens dunkle Gestalten. Häusersilhouetten, von Lichtern durchsiebt, wie Schweizer Lochkäse. Wolkenkratzer, bleistiftartig gespitzt und vielfarbig angestrahlt. Hier ist der Chef im Himmel und der Bürohengst fahrstuhlfahrender Schüler. Durch die Straßenschluchten wälzt sich gelb der Taxiverkehr. Stop, sagt Max, here we are.

Es ist Freitag abend und die Taverne überfüllt. Junge Leute drängen sich, Drink in der Hand, am Tresen. Der Flammenschopf von Basketballstar Dennis Rodman jagt über drei nebeneinander postierte Bildschirme und zeigt den Chicago Bulls, wo der Korb hängt. Raunen zwischen Bier- und Cocktailgläsern. Im nicht weniger tummeligen, geduckten Hintergewölbe ist ein Tisch für uns reserviert. Max läßt Steaks auftafeln, American Steaks - so breit und rund wie Wagenräder. Ich soll mich bei Wein und Weißbrot wie zu Hause fühlen. Wo ist Max daheim? Der gebürtige Zürcher lebt und arbeitet seit fünfundzwanzig Jahren in Manhattan. Warum er Zürich verlassen hat? Max säbelt sein Fleisch in quadratische Häppchen. Die Schweiz, meint er, sei kleinkariert. Zu viele Löcher im guten Käs'. Und ob New York inzwischen seine Ersatzheimat...? Nein, nein, wehrt Max heftig ab, ein Labyrinth, zu groß und unüberschaubar. Dann wohl doch lieber das Kleinkarierte! Aber warum, um alle Käsesorten auf der Welt, kann sich Max, der eidgenössische Wahl-New-Yorker, im Land der unbegrenzten Schlachthäuser nicht heimelig fühlen? Max nimmt einen Schluck Wein und zieht genußvoll an seiner Zigarette. Warum, warum... New York sei ja okay. Aber in Los Angeles, klagt er, werde man schon als Raucher an den Pranger gestellt. Nikotinächter überall. Kaum noch nichtraucherfreie Zonen. Und die predigenden Gesundheitsapostel, der neue Klu Klux Ökoclan, seien unaufhaltsam auf dem Treck nach Osten. Demnächst erwarte Max in Chicago die Wiedereinführung des Alkoholverbots. Noch einen Whisky?

Wie kommt ein Thüringer nach New York? Mit der Lufthansa und auf Einladung des Deutschen Reisebüros. Bis zur Maueröffnung war mir New York eine Stadt mit sieben Siegeln. Manhattan wucherte fern, im Herzen des raffenden, schaffenden Kapitals. Heute ist das Raffende, Schaffende überall. Und ich, glücklicher Gewinner eines Presse-Busineß-Platzes, darf mich am Telefon entscheiden: Raucher oder Nichtraucher? Fenster oder Gang? Ohne zu zögern wähle ich: Nichtraucher, Fenster und viel Sonne, bitte! Die Tickets kommen prompt mit Lufthansa-Post: Frankfurt - New York - Frankfurt. Warum eigentlich New York?
Warum eigentlich nicht?
Die Überfahrt erfolgt 40 000 Fuß über dem Atlantik und währt sechs und eine dreiviertel Stunde. Da ich meine Uhr rechtzeitig auf Neue Welt-Zeit umstelle, gelange ich schon nach zwei Stunden ans Ziel. Willkommen im Highway-Stau nach Man-

hattan! Das Stop-and-Go vom Kennedy-Airport zum Hotel läßt meinen Zeitvorsprung wieder schmelzen.

Immerhin kann ich mich schon während des Fluges auf amerikanische Gewohnheiten einstimmen. Als erstes lerne ich, mich bei laufendem Fernseher von den wechselnden Bildern nicht beeinflussen zu lassen. Natürlich hätte ich an Bord viel lieber ein Auge zugetan. Aber wenn man schon einen Mini-Monitor am Sitz-, Eß- und Schlafplatz hat, klappt man ihn irgendwann auch aus. Schaltet an der Sessellehne von Audio auf Video, und siehe: Es wird Bild. Vor, während und nach den Bordmahlzeiten habe ich die Wahl zwischen „Mr. Bill", „Bambi" und den „Oberen Zehntausend". Ich tue wie mein New Yorker Sitznachbar und wähle: „Mr. Bill", „Bambi" und die „Oberen Zehntausend". Das heißt, wir wechseln kauend, schluckend, schläfrig verdauend unentwegt zwischen den beiden Komödien und dem Zeichentrickfilm. Nebenher empfange ich über Kopfhörer die Durchsagen des Kapitäns: Sehr verehrte Fluggäste, wir fliegen 550 Meilen pro Stunde und fühlen uns bei minus 73 Grad Fahrenheit im klimatisierten Airbus lufthansawohl... (Auf dem Rückflug werde ich dem freundlichen Fürsorger im Cockpit meine Aufwartung machen und mich auch vom Wohlbefinden seines Piloten überzeugen, doch davon später.)

Zunächst begegnet mir - ungefähr über Grön- oder Fernfeuerland - ein Weimarer Bekannter: Herbert Frauenberger, damals noch Chefkoch in Goethes berühmtem „Gasthaus zum Weißen Schwan", lächelt von der Speisenkarte; er hat seiner Dichterfürstenbüste die Kochmütze übergestülpt und empfiehlt Rinderfilet, serviert mit „Goethes Lieblingsgemüse" nebst Bratkartoffeln. Da ich keine Ahnung habe, welche klassischen Gemüsesorten das Dichtergenie im Hausgarten züchtete, ordere ich Entenbraten, Rotkohl und Thüringer Klöße. Letztere haben, wohl um der Flugsicherheit Genüge zu tun, kleineres Kaliber, schmecken aber wie richtige, kloßgroße Klöße. Als

Patriot muß ich, inzwischen beim Käsedessert über New Jersey, rasch noch die Thüringer Klassikerstraße preisen, eine kulturelle Begleitspeise im Prospektformat, die jeder Lufthansa-Reisende in Griffweite neben der Schwimmweste findet: die „Grüne Lunge" sozusagen, ein touristisches Überlebenssystem. Landsleute, tief eingeatmet, unsere „Classical Road Thuringia" endet nicht in Bauerbach, Eisenach, Mühlhausen oder Oßmannstedt. Nein, sie streckt sich mit Liszt und Bach, mit Friedrich, Wolfgang und Charlotte über die Grenzen des Schiefergebirges, der Rhön und des Kyffhäusers über den Großen Teich bis in die New Yorker Musical-Metropole. „If you're going to Bad Berka" und „Thalbürgel, a wonderful town, sing, sing" - wann endlich wird Lloyd Andrew Webber seinen ersten Broadway-Klassiker nach Johann Wolfgang von Goethe komponieren: „The Never-ending Werther Story"?

New York ist, wie ich bald erlebe, large und high und hurry rund ums Rockefeller-Centre. Doch über einen eigenen Rennsteig, ein Forsthaus, einen Kickelhahn oder gar ein Kochberger Liebhabertheater würden die hochstapelnden Betonschollenbesitzer zwischen East River und Hudson River sicher Tränen der Rührung vergießen; Thuringia sei nunmal, wie sich mein charmanter Flugnachbar ausdrückte, a lovely small village.

Was ahnen wir Waldbewohner schon von Highway, Subway, Broadway - jenen Koordinaten, die eine Weltstadt ausloten. Zumindest weiß ich, daß mir in dieser Himmelhölle nur ein kurzer Aufenthalt beschert ist. Daß sich die Tage später zu Stunden verdichten und schließlich - Gegenteil von Bubble Gum - in Augenblicken zusammenziehen werden: Ellis Island, Gospel-Harlem, Show-Boat-Party, Steakhouse-Brooklyn, Breakfast in Waldorf Astoria, Lunch im Central Park, Cocktail im River Café, Pre-Theatre-Dinner im Four Seasons... Ich merke, wie ich durch die City hetze, ohne sie zu berühren. Rührt sie, verändert sie etwas in mir? Instinktiv verlangsame ich meinen Schritt. Ich bin nicht Max. Big Apple und ich, wir sind uns

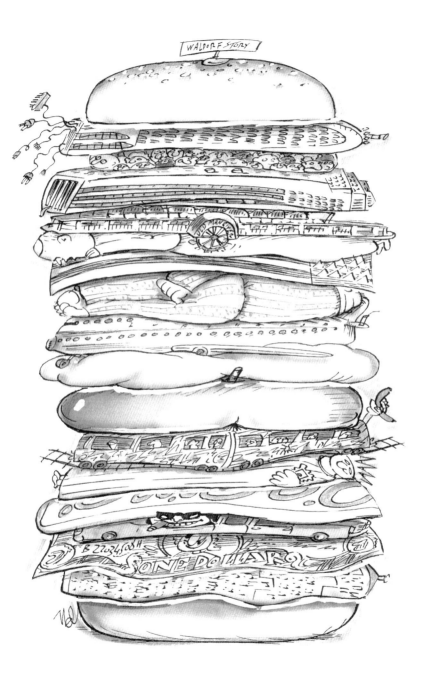

nichts schuldig. Ich muß nicht in die saure Frucht der Erkenntnis beißen. Die fremde Stadt braucht ihr Innerstes nicht vor mir zu preisen. Also üben wir ein bißchen keep smiling miteinander. New York, I'm only going for a walk... Am Wegesrand lauert schon Fräulein Zufall.

Die erste leibhaftige New Yorkerin, die mir unmittelbar nach Ankunft vorm Flughafengebäude begegnet, kenne ich. Meredith Monk, eine Magierin und Stimmakrobatin aus Manhattans raunendem Untergrund. Vor wenigen Tagen wiegte die indianische Sängerin die Jenaer Theaterhausfreaks in Verzückung. Jetzt karrt sie still ihr Fluggepäck zum Taxistand. Meine mitreisenden Journalistenkolleg(inn)en West, allesamt mehrfach amerikaerfahren, kennen Meredith nicht. Habe ich schon erwähnt, daß ich der einzige Redakteur Ost in unserer kleinen transatlantischen Unternehmergruppe bin? Der Quoten-Ossi und ein Thüringer dazu! Fürsorglich werden sich die Pressebrüder und -schwestern immer wieder nach meinem Empfinden erkundigen. Und mich betrachten, als müßte der Schatten des Empire State Building jeden Moment Suizid-Gedanken in mir wecken. Wie ich New York finde? Great, natürlich. Doch durchaus auch stupid - der reinste architektonische Größenwahn. Aber Hongkong, füge ich rasch hinzu, ist schlimmer. Da lächeln sie, mehr erleichtert als zustimmend.

Mein erster Gang zur Wall Street. Bin ich schon auf dem American Way of walk and drive? Ausweichen und vorwärtskommen, sich durch niemand und nichts aufhalten lassen... Es dudelt ein Saxophon am Straßenrand - ich haste vorbei. Es steht ein Trompeter vorm Bankeingang - ich nehme kaum Notiz von ihm. Es predigen drei Sektenführer vor der Börse - eine Polizistin, ein Schuhputzer und ein Zeitungsverkäufer hören gelangweilt zu, ich gehe ungerührt meinen nichtvorhandenen Geschäften nach. Da begegnet mir, im dichtesten Gedränge, eine junge Lady im eleganten Abendkleid, rank und bezaubernd, mit einer taufrischen, langstieligen Rose vor der Brust. Ein Hauch von Eleganz weht mich an. Oh Lady Rose! Ich bleibe stehen, staune ihr nach - Manhattan flutet an mir vorbei. Der Broadway ist die kürzeste Verbindung von einem Musical-Ereignis zum nächsten. Hauptschlagader, Herz und Kommerz ewig jungen Unterhaltungstriebes. Hier ballt sich alltäglich, was deutsche Theatergänger zumeist nur an verstreuten Orten und auf Festspielen erwartet: „Cats" und „Tommy", „Dolly" und „Grease", Opern-"Phantom" und „Damn Yankees", „An Inspector Calls" und „Philadelphia, Here I Come!". Auf einem Plakat schaufelt der ewige Mississippi-Dampfer - The „Show Boat" must go on. Der Boot-Sitz kostet siebzig Dollars, dafür darf man im Gershwin-Theatre sogar Rolltreppe fahren.

Das Theaterfoyer gleicht einem Museum mit Souvenirständen und Ahnengalerie (von Paul Robsen bis Kernist Bloomgarden). In diesem öffentlich nicht subventionierten Gemäuer werden nur berühmte alte Stücke aufgelegt. Heute abend ist die Familiensage vom alten Mann und dem Fluß wieder an der Reihe. „Show Boat", das Launen, Liebe und Loyalität dreier Südstaat-Generationen über den Urwaldfluß schaukelt, markierte 1927 den Beginn der Broadwayblüte und erlebt gegenwärtig im Gershwin-Theatre seinen siebenundsechzigsten Baumwollfrühling. Boutiquen bieten den Vergnügungsdampfer preiswerter auf T-Shirts an. Lautsprecher bitten die Gäste vom Shopping zur Vorstellung. Ein gemütlicher, halbrunder Saal, bis auf den letzten Platz gefüllt. Hinter mir poltert ein Nachzügler in Anzug und Skischuhen. Ein Cowboyhut vor mir verdeckt den besten Teil der Kulisse.

Traumhafte Musicaldämmerung. Gleich nach der Ouvertüre versinkt glutrot die Sonne. Sterne glimmen und verlöschen, zwischendurch grüßt bleich der Mond, rinnt Regen, rieselt Schnee, reifen die Baumwollfelder, nimmt das Schicksal seinen Lauf. Jahreszeitlicher Bühnenrealismus im modernen Zeitraffer - Mister Stanislawski erfreut sich in New York einer klas-

sischen Blütenstauballergie. Mich jedoch plagt die Frühjahrs-
müdigkeit. Der Fluß plätschert bald wie durch Watte an mein
Ohr. Fahre ich tatsächlich auf einem schaufelrädrigen Mississippi-Dampfer unter Gershwin-Flagge? Unter mir spielt die
Dampferband. Am Ufer glitzert Neon-Reklame - das kann nur
der Broadway sein. „The Old Man River", tönt es tief und
wohlig aus dem Schiffsrumpf. Irgendwann ebben die Orchester-
wellen ab. Die Leute am Ufer applaudieren und johlen begeistert. Dann geht das Saallicht an und ein Konfettiregen auf die
Bühne nieder. Bravo, Broadway, bravo!
Mich fröstelt, und ich habe Bauchweh. Mein Magen, verwöhnt
mit Menüs aus bester New Yorker Allerweltsküche, giert im
Theaterfoyer plötzlich nach Thüringer Bratwurst. Ein König-
reich, nein, einen Musicalstaat samt Baumwollplantagen für
einen Straßenrost! Doch Big Mac City duldet in seinen Häuser-
schluchten nur Ham- und Cheesburger. Also fasse ich mir ein
Herz, grabe meine Zähne in warme Pappe und tunke, tunke,
tunke meine Seele tief in Ketchup.

Ich wär' so gerne Millionär, noch fällt's schwer

*I*ch wär' so gerne Millionär, da hätt' ich Trinkgeld und noch mehr...

Mit zunehmender Nackensteife streune ich zwischen Wall Street und Musicalmeile und bewundere das Rockefeller-Centre mit seiner fahnengeschmückten Spritzeisbahn, auf der zum Spruch des Dollarmeisters die künftigen Börsenstars ihre Pirouetten drehen: Er glaube an das Individuum als höchsten Wert und an sein Recht auf Leben, Freiheit und Glück. Glück ist Geld, Geld muß arbeiten. Don't work, be happy. Täglich Holiday in Icecream. Wie viele Teller, Mister Rockefeller, muß ich spülen, um eines Tages so weise zu sprechen wie Sie? Es lebe die Stadt der aufstrebenden Straßenfeger, expandierenden Börsenkräche und philosophierenden Milliardäre! Einmal in Manhattan - immer in Manhatten; ich kann - verflucht sei der Große Apfel - der Verführung nur schwerlich widerstehen.

Dabei fing alles ganz unverfänglich an. Netter Flugkäptn, nette Printkollegen, nette Reisebegleiterin. Cool hatte ich meinen Transfer aus der alten in die Neue Welt gemeistert. Hatte mir vom Airbus-Schaffner zwei Whisky mit viel Eis kredenzen lassen, in meine Zollerklärung unter adress großspurig New York Palace geschrieben und hinter 455 Madison Avenue einen bedeutungsschweren Strich gezogen. Der dunkelhäutige Zollangestellte, offenbar trainierter Psychoanalytiker, hatte mich auf dem Kennedy-Airport mit einer Scherzfrage getestet: Sie haben falsche Dollarnoten in der Tasche, haven't you? Ich blickte betreten. Of course, aber Sie wollen sie ja gar nicht sehen... Der Zöllner feixte, auf Fingerschnippen durfte ich passieren. New York, New York, I'm coming!

Aber nur bis zur Hoteltür. Dort packt der generalsgestreifte Palace-Boy meine Reisetasche und mich die Trinkgeldphobie. Vorsorglich hatte ich in meiner Thüringer Hausbank Geld getauscht, für abgegriffene D-Mark-Scheine drucksteife Traveller-Schecks und blitzsaubere Dollar-Noten empfangen. Fünfziger ausschließlich; so habe ich nun nichts Loses, schon gar nichts Kleines in der Jacke. Der Boy aber ist wie ein Wiesel; flink verschwindet er mit Zimmercard und Baggage im Fahrstuhl, ich jage ihm nach, wir sausen in den achtzehnten Stock, wo sich nach Eingabe des Kartencodes meine Wohnwelt auftut. Ich trete ein und verharre wie hypnotisiert vorm Fenster. So weit der Blick reicht - und er schweift nahezu ungehindert über die Dächer Manhattans -, hoher steinerner Stelenwald. Direkt unter mir, eingekeilt zwischen Wohn- und Bürogiganten, duckt sich eine neogotisch verkitschte Kathedrale - Bindeglied zwischen Spätmittelalter, dem ich entstamme, und modernem Mickey-Mouse-Imperium, dem ich zustrebe. Es ist schon dämmrig, und Rundbogen, Spitzdächer sowie Zuckerhuttürmchen des monumentalen Kleinods strahlen feierlich wie zur Präsidenten-Prozession.

Räuspern. Der Boy, Hände an der Hosennaht, wartet neben der Tür.

Mein Gott, wieviel Trinkgeld gibt man für achtzehn Stockwerke Gepäckfahrt? Einen Dollar, zwei oder fünfzig Cent? Ich öffne meine Brieftasche, zücke eine meiner jungfräulichen Fünfzig-Dollar-Noten und gebe mir Mühe, den richtigen Dallas-Ton zu treffen: Give me back, please!

Zu meiner Erleichterung verzieht der Boy keine Miene. Sondern holt nun seinerseits ein, viel stärkeres, Bündel Scheine aus der Hose, abgegriffene, schäbige Ein-Dollar-Noten, zählt mir exakt neunundvierzig davon - Thank you, Sir! - auf den Tisch und taucht ab. Danke, tausend Dank! rufe ich ihm nach, froh über die großzügige Geste und ausgestattet mit Trinkgeld für den Rest meiner Tage.

Ich wär' so gerne Millionär, da hätt' ich Spielzeug mehr und mehr...

Wie Mister F. junior in der Fifth Avenue. Inhaber eines millionenschweren Wirtschaftsmagazins, das ihm wohl sein Daddy, Mister F. senior, beim sonntäglichen Familienmonopoly vererbte. Der Junge schien alles andere als begeistert von diesem Geschenk, träumte er doch wie alle Kinder in seinem Alter davon, ein Spielzeugschiff, eine Blechtrommel oder wenigstens ein paar Zinnsoldaten zu besitzen. Sorry, wehrte Daddy ab, ein Wirtschaftsunternehmen, das auf Wirtschaftlichkeit hält, kann sich tin und toy nicht leisten.

Okay, ärgerte sich der Sohn. Warte, bis ich big und rich bin. Als F. junior das Geschäftsführeralter erreicht hatte, übernahm er aus Daddys Hand das Ruder, steuerte das Magazin sicher durch alle Börsenstrudel und Wirtschaftssenken, rationalisierte und sparte selbst am Nötigsten und legte sich nur jeden Monat ein paar Dollars auf ein Nebenkonto zurück. Als er die erste Million beieinander hatte, kaufte er sich eine antiquarische Spielzeugflotte. Für die zweite Million ließ er sich ein Heer von Zinnsoldaten und eine deutsche Blechtrommel kommen. Mit seinen Schiffen und Soldaten stellte er - von Trommelwirbeln begleitet - alle berühmten Schlachten nach. Und spätestens als der vom Spielrausch erfaßte Wirtschaftszeitungstrommler aus dem amerikanischen Unabhängigkeitskrieg als Sieger hervorging, sandten ihm die Präsidenten der Vereinigten Staaten von Amerika teure Glückwunschtelegramme. Diese, bemerkte er, ließen sich in Glasvitrinen im Foyer des Geschäftshauses werbewirksam plazieren - die Idee zur F. Magazin Gallery war geboren. Eine gigantische Zeitungs-Spielzeug-Präsidenten-Schau, die bald Touristen aus aller Welt ins Pressehaus lockte.

Siehst du, Daddy, Ruhm ist ein Kinderspiel...

Natürlich ist die Story freiweg erlogen. Bis auf F. juniors und F. seniors Sammelleidenschaft und ihre privaten Galleries in der

New Yorker 62 Fith Avenue. Die mag jeder, der nicht glauben will, daß es in Amerika sogar Spielzeugmillionäre gibt, von Dienstag bis Sonnabend zwischen 10 a.m. und 4 p.m. bestaunen. In einem Dutzend zum Panoptikum arrangierten Ausstellungsräumen erwarten den Besucher des Zeitungshauses: rund 500 nostalgische Modellboote (Baujahr zwischen 1870 und 1950), über 100 000 Zinnsoldaten (angetreten zu historischem Gemetzel), etwa 300 Luxusgegenstände (darunter ein russisches, goldenes Zaren-Osterei), eine stattliche Monopoly-Garnitur (das älteste Brett, Jahrgang 1933, noch im wilden Westernlook) sowie mehr als 3000 Originaldokumente, etliche davon mit den Schriftzügen amerikanischer Präsidenten. Wahr ist: Wenn er nicht gerade Redaktionskonferenz abhält, führt Mister F. junior, der ein wenig an den englischen Komiker Mr. Bean erinnert, höchstselbst durch die Kollektionen. Leider, gesteht er, fehle ihm die Muße, sich ausgiebig mit seinen Spielsachen zu befassen. Die Arbeit, das Magazin, das Anzeigengeschäft... Was denn, no time for tin and toy? Schöne Neue Welt: Ein Spielzeugmillionär, der nicht spielen kann, ist und bleibt ein armer Zinnsoldat. Beim Abschied ist mir, als nicke Mister F. senior zustimmend aus seinem Bilderrahmen. Ich wär' so gerne Millionär, dann führ' ich Lincoln und noch mehr...

Immer wieder hatte ich sie bestaunt und beargwöhnt, die schier endlos langen schwarzen Luxuslimousinen, die stets in zweiter Reihe parken, weil sie in keine Lücke passen. Gewöhnlich schlängeln sich diese Mobile vom Charme eines Bestattungswagens mit zugezogenen Gardinen durch die Geschäftsstraßen von Manhattan. Einmal hatte ich Glück, eine Limousine hielt auf meiner Höhe, und ich sah, wie der Chauffeur die vier Meter ferne Hecktür aufriß und ein junges Ding mit Schoßhündchen und Hausmädchen entließ. Leider schnappte, ehe mein Blick bis ins Limousineninnere fand, die Wagentür wieder zu. Was wohl mochte der Kern der Kutsche sein? Nein, und nochmals nein, nie im Leben hätte ich geglaubt, selbst einmal im Luxus-Lincoln durch New-York-City zu schaukeln. Ladies und Gentlemen gestatten? Bill, unser treuer, unübertroffen findiger travel guide, macht das Ungehörige wahr und läßt die überwiegend Opel fahrende deutsche Presse für einen Abend in die Luxusklasse umsteigen. Da also sitzen wir, zu sechst nebeneinander und seitlich zur Fahrtrichtung, können die Beine lang ausstrecken und die Limousinenbar bequem mit den Händen erreichen. Bruce Springsteen näselt im Quadrosound. Football, Catchen und Wetterbericht im TV-Kanal. Der Kühlschrank ist leider schon leergetrunken; solidarisch teilen sich die Kolleg(inn)en von „Die Zeit", „Darmstädter Echo" und „Hamburger Abendblatt" die letzte Büchse Coke.

Die Durststrecke ist kurz, Bill chauffiert uns nur um ein paar Ecken. Auch ohne Alkohol stolpern wir, im Luxusleben ungeübt, ziemlich linkisch aus der Kombüse, um im Four Seasons Restaurant unser Pre-Theatre-Dinner einzunehmen. Die Speisen sind vorzüglich, die Jahreszeiten eine geschmacklose Imitation. Gummibäume, Wachspflanzen, Tische und Stühle, um einen bunt angestrahlten Springbrunnen gruppiert. Keine Spur von chinesischer Gartenphilosophie. Ob die Goldfische im Becken noch ihrer Trägheit oder schon digitalgesteuerten Computerprogrammen folgen, läßt sich von meinem Filet-Fondue-Platz aus nicht ermessen. Dafür bin ich sicher, in den vier am Nachbartisch speisenden Damen Roald Dahls „Hexen" zu erkennen; das Quartett hat zum Dessert flambierte Zuckerwatte bestellt und schlingt mit glitzernden Augen. In Amerika, so las ich in den Journalen, wollen drei Millionen Frauen an Hexenkünste glauben (die erotische Zauberin steht dabei am höchsten im Dollarkurs); seit ich im Four Witches die Watte züngeln und verführerisch in den Frauenschlünden verschwinden sah, zähle auch ich mich zur Gemeinde der Zuckerschnutenanbeterinnen.

Trotzdem wär' ich lieber Millionär... Ob ich dann etwas mehr Zeit zum Verplempern hätte? Schon eilt mein luxuriöser Zwischenreport seinem Ende entgegen, und ich habe noch nichts über Yoko Ono und die UNO berichtet.

Der Tag, an dem John Lennon starb, war ein rabenschwarzer im grünen Central-Park - doch davon später. Ich bin und bin in Eile. In zehn Minuten werde ich zum Manager-Frühstück im Waldorf-Astoria erwartet, dort, wo der Papst gern zum Christmas shopping absteigt und Kanzler Kohl gelegentlich eine Tower-Suite ausfüllt; und ich muß mich noch rasieren und meine ungebügelte Krawatte wiederfinden, die mich erst zum Waldorf-Menschen macht - und der Hotelboy, fürchte ich, lauert schon wieder irgendwo im Palace-Labyrinth.

Ich wär' so gerne... Gewiß, doch Liftboy ist vielleicht auch ganz respektabel.

Gospel, Gospel
und ein leises Halleluja

*G*ood Morning, wir erwarten heute 18 Grad Celsius, wolkenlos blauen Himmel über Manhattan und ein laues Lüftchen entlang der Brooklyn Bridge...

Welche Frohlockung, gegen halb acht im New York Palace Hotel zu erwachen und vom Bett aus die Stimme der blonden Göttin aus dem 24-Stunden-Wetterkanal zu empfangen! Halleluja, möchte man jauchzen, wär's dafür nicht noch zu früh. Die Harlemer Gospel-Tour mit touristischer Gotteseinkehr steht erst für Sonntag auf meinem Fahrplan. Heute ist Freitag, und der verspricht eine Führung durch die New Yorker UNO-Zone mit anschließender maritimer Einwanderung ins amerikanische Freiheitsmuseum. An solchen Highlights können selbst die düsteren Prophezeiungen meiner verkabelten Goldmary nicht rütteln: orkanhafte Unwetter in South Carolina, sintflutartige Regenfälle in Florida... Vater Zeus hat seine Unglücksboten bereits in Marsch gesetzt; überall, sehe ich, ringen Cow, Boy und Farm mit dem nassen, balkenlosen Element. Da lob ich mir doch einen geruhsamen nördlichen Ausflugsdampfer unter strahlendem Big Apple.

Noch aber liege ich mit der Fernbedienung im Bett. Knopfdruck, und der heraufziehende Novembersonnentag zeigt sich von Trauer umflort. In der Nacht, berichtet das Frühstücksmagazin, ward Amerika um einen Westernhelden ärmer: es starb der große Burt Lancaster. Gegen Abend wird er, in cirka zwanzig TV-Programmen gleichzeitig, noch einmal heftig aufleben. Leider werde ich zu dieser Abschiedsparty nicht im Hotel sein. Mach's gut, Buffalo Bill, auf deinem letzten Halleluja-Trail! Und träume sanft in Hollywoods ewigen Jagdgründen!

Apropos Bill. Bill, unser New World Travel-Führer, ein gut-mütiger Namensvetter des bösen Buffalo, erweist sich bei nä-herer Bekanntschaft als ein Parteigänger der Ostdeutschen und Indianer. Auch in den Staaten, erinnert Travel-Bill, tobten einst Grundstückskämpfe, siegten dreiste Immobilienjäger über tra-ditionelle Stammeshalter und verzweifelte Alteigennutzer. Diese Frühphase nordsüdamerikanischer Vereinigung, sie harre noch immer einer umfassenden historischen Aufarbeitung. Akten wurden seinerzeit kaum angelegt, die meisten Zeugen besei-tigt. Wenigstens, freut sich Bill, öffne im ehemaligen New Yor-ker Zollhaus ein Indianer-Museum. Ein Holocaust-Museum habe man hier schon lange. Es zeigt den Leidensweg der euro-päischen Juden. Nur vergesse man, meint Bill, hierzulande all-zu leicht: Amerikas „Holocaust" traf die Indianer.

Nach unserer kurzen Lincoln-Schlittenaffäre rollen wir wieder bescheiden im Kleinbus die Fifth Avenue entlang. Der Verkehr fließt zäh, und die Rollschuhfahrer überholen im Slalom. Hin und wieder kreuzt halsbrecherisch ein Skater den Damm. Fit-neß hat Vorfahrt. Transparente fordern zur Teilnahme am New York Marathon heraus. Vor den Hoteleingängen leuchten und glitzern ganzjährig die Christbäume. Halleluja, nicht nur zur Weihnachtszeit...

Hab ich zu laut gelästert? Unser Bus stoppt an einer Ampel, und aus dem Schaufenster eines Zoogeschäfts bekläfft mich ein herrenloses Hündchen. Wie viele einsame Hundeseelen adeln diese Stadt? Ein Bruchteil der vierbeinigen Bevölkerung beschnuppert sich jeden Morgen auf den Grünstreifen und in den vielen Parkanlagen.

Wir biegen in eine Querstraße, gesäumt von stillen, aus brau-nen Backsteinen gefügten Zweigeschossern. Biederes englisches Villenflair im Zentrum von Mega-City. Bill genießt unser Ent-zücken und zitiert den geheimen Lieblingssatz der New Yor-ker: I've got a Brownstone... Was soviel heißt wie: My home ist ein Häuschen in einer unbelebten Nebenstraße. Mit Vortreppe und Souterrain und einem der Geschäftswelt abgewandten geheimen Gärtchen. Die Brownstones stehen oft leer, und ihr betagtes Mauerwerk verströmt morbiden Gründerglanz. Die stolzen Mieten, weiß Bill, seien kaum bezahlbar; doch wer die Scheinchen locker habe, dürfe sich in New York City einen privaten Traum erfüllen: arbeiten und vergnügen in der Avenue, erholen in der Street.

Es ist, fährt Bill fort, zur Zeit ein Buch in aller Munde: „Die Glockenkurve" von Hares Murray und seinem Co-Autor, dem Harvard-Psychologen Richard Herrnstein. Ein neodemagogisches Werk, das sich der Methodik des Statisten bedient, um den farbigen Mitbürgern intellektuelle Minderwertigkeit zu attestieren. IQ oder nicht IQ, dies sei - wieder einmal - die amerikanische Frage. Und tatsächlich läge, schellt die „Glokkenkurve", die durchschnittliche Intelligenz bei Farbigen niedriger als bei Weißen. Und da, laut Murray, der Intelligenzquotient den sozialen Status eines jeden Amerikaners zu bestimmen habe, ergo über Wohlstand und Armut entscheide, streiten nun die weißen Steuerzahler, ob Bildungsprogramme für Schwarze überhaupt noch Sinn machten. Bleibt bei eurer Bürste, Porgy und Sam, oder rangelt euch um den Basketballkorb...! Aber könnte nicht auch sein, verehrte Kurven-Fetischisten, daß vom sozialen Umfeld abhängt, wer wann, wo und wie oft im sogenannten Intelligenztest punktet? Das amerikanische Wochenmagazin „Newsweek" nimmt sich der Thesen kritisch an, trägt damit aber zugleich zu ihrer Verbreitung bei.

Achtung, Sie verlassen die Vereinigten Staaten und betreten internationales Hoheitsgebiet! Blaue, gewaltfreie Zone mit einem verknoteten Revolver vorm und einem Foucaultschen Pendel hinterm Eingang als Leitskulpturen. Die Besichtigung des New Yorker UN-Hauptquartiers läßt sich in wenige Sätze fassen: Wir sahen große Säle, in denen die Räte der Völker beschließen, was hernach nur in Ausnahmezuständen durchsetzbar sein wird. Die 49. Generalversammlung sahen wir nicht, sie tagte gerade hinter verschlossenen Türen. Blauhelm ab vor der schönen Vision einer ihre Geschicke mit friedlichen Mitteln regelnden Gemeinschaft. Doch Herr Butros Ghali und seine reisenden Rätediplomaten, sie träumen den Traum vom Foucaultschen Pendel, das sich im Feld der Vernunft wie von selbst bewegt. Was, liebes Pendel, gibt es zum zerstörerischen Profitstreben für eine alternative Bewegung?

Wieder auf New Yorker Terrain, fahren wir in Richtung Freiheitsdampfer. Zum Einwanderungsmuseum bitte hinten anstellen! Freiheitsstatue eine Station vorher aussteigen! Thank you, Madame! Hello Mister, your ticket, please!

Es ist, als wollte sich an diesem spätherbstlichen Vormittag die halbe Welt einbürgern lassen. Just for fun. Eine Gruppe fröhlicher Exilkubaner macht sich den Passagierstau zunutze, veranstaltet am Landungssteg zu Klängen von „Coconut" und „Santa Lucia" ein Happening mit Salto mortale und Hechtsprung durch brennende Zirkusreifen. Kameras klicken, in den Artistenhüten klingelt der Dollar. Auf so fröhliche Art ist hier wohl keiner der über 60 Millionen Einwanderer seit 1600 empfangen, geschweige denn in der alten Heimat verabschiedet worden.

Die Schiffskolben stampfen, Manhattans Skyline zieht sich hinter die Wasseroberfläche zurück. Zyklopisch winkt steuerbord die steinerne Fackel von Miss Liberty. Etliche steigen aus, das Monument zu erklimmen. Der Dampfer legt wieder ab und erreicht nach wenigen Minuten sein Ziel. Ellis Island sieht man noch an, was es früher war: Fort, Hafen, später Prüfbehörde mit Hospital. Auf meinem Landgang verharre ich im Registry Room, dem Wartesaal der hoffenden Seelen. Wer in die Neue Welt einfahren wollte, mußte zuvor durch dieses bürokratische Nadelöhr. Fotos zeigen die Glücklichen, denen das Kunststück gelang: Aus Flüchtlingen und Träumern wurden Farmer oder Plantagenarbeiter, Kaufleute oder Bettler, kleine Varieté-Künstler oder millionenschwere Hollywoodstars. Ein jeder, lächelt das Freiheitsfräulein, schmiede sein eigenes Glück in unserer Vielvölkerdrängelei. Die inquisitorischen Kapuzenmänner des Ku Klux Klan schmieden die Instrumente und lächeln zynisch unter der Haube: America for Americans! forderten sie in Dallas, Texas, 1923. Zu dump glatzendeutsch: Ausländer raus! Ausländer? Würde man in New York nach dem Slogan von Kapuzenträgern oder Rasierköpfen verfahren, wäre die City im Nu entvölkert.

Das Happening am Hafen nimmt zwei Tage später im vollbeladenen Harlemer Touristenbus seine Fortsetzung. Der zum Gospel-Erlebnis führende Reise-DJ könnte bei Rekordweitspringer Lewis trainiert haben; er federt und klatscht und heizt mit einem Rap nach dem anderen sein Publikum an, führt uns tanzend durch die lokale Historie. Viel Spaß, gepaart mit Anbiederei: Schauen Sie nur, die schönen Harlemer Häuser! Stehen einfach leer. Keiner kümmert sich. Ist das nicht traurig? Ladies and Gentlemen, Sie haben doch Geld, Sie können sie kaufen. Bitte! Was zahlen Sie...?
Die selbstentfachte Begeisterung läßt unseren Freund eine Busschleife nach der andern um die mit einem International Welcome-Transparent geschmückte Baptistenkirche ziehen, so daß, als wir endlich eintreten, schon alle Touristenplätze besetzt sind. Sorry, unser DJ setzt federnd zum nächsten Satz an. Überspringt die heilige Besucherordnung. Kommen Sie! winkt er und lotst uns gegen den Widerstand der Ordner zu ebener Erde ins Kirchenschiff, in jenen ausschließlich Farbigen vorbehaltenen Bereich, zu dem der Tourist normalerweise keinen Zutritt hat.

What have I to dread, what have I to fear, empfängt uns wohlgesonnen der Chor, leaving on the everlasting Arms... Der Gospel-Gottesdienst ist im vollen Gange. Kaum habe ich Platz gefunden, drückt mir ein weißbärtiger Alter ein Gesangsbuch - The New National Baptist Hymnal - in die Hand, nickt ermunternd und schmettert: Halleluja! Halleluja! Vorm Altar setzt das Schlagzeug ein, eine Elektro-Orgel erklimmt die Tonleiter, sich sanft in der Hüfte wiegend, bringt sich der Chor in Schwingung, während der Gemeinde-Pater Jesus our Lord preist. Danke, Lord, für die gute, danke für die schlechte Zeit...

Vor mir wuseln, Plastikblümchen, -kreuzchen und -schiffchen im Haar, zwei Kinder, krempeln den blütengeschmückten Mutterhut um und lassen versehentlich das schwere Gesangsbuch zu Boden fallen. Thank you, predigt der Pater, for our fitness! Winken und beifälliges Murmeln aus allen Bankreihen. Immer kräftiger, immer körperlicher schwingt der Gesang, vielstimmige Mischung aus Andacht und Movement; Leben sei Seele, sei Hoffnung, sei Traum und Gospelsong, schon beginnt - zum Soul - das Gotteshaus, unser Erlösungsschiff, zu schwanken, begeisterter Applaus von oben, wo die Touristen sind; thank you, Lord, for all my eyes can see, singe nun auch ich, flüsternd, weil nach gut einer Stunde die Kindlein vor mir, Kopf im Mutterschoß und Ärmchen auf dem Gesangsbuch, endlich schlafen; Jesus, oh Jesus, our Lord, der Weißbart springt, als das Finale beginnt, plötzlich auf, schüttelt mir emphatisch die Hand, schüttelt sie und schüttelt und will sie gar nicht wieder loslassen; wir beide, black and white, strahlen seine Augen, blitzen im Lachen seine Zähne, sind wir nicht Brüder? - Halleluja! Halleluja!

Dann fällt, noch im Hochgefühl der gerade vollzogenen Verbrüderung, draußen der schwarze Regen. Im Handumdrehen gleicht Gospel-Harlem einer endlosen, blasenübertanzten Pfütze. Die Kirche entläßt eine Wolke bunter Regenschirme, die sich erst aufbläht, dann rasch in alle Richtungen zerstreut. Abfahrende Taxis schieben einen Wasserschwall vor sich her. Es schüttet wie aus Eimern. Die südlichen Sintfluten, scheint's, haben den sonnigen Nordosten erobert. Mein Zorn auf das falsche Lächeln der TV-Wettergöttin ist so gewaltig, daß ich alle Taxis fahren und das Regenwasser ungehemmt über Kopf und Schultern rinnen lasse.

Nach fünf Minuten bin ich bis auf die Haut durchnäßt. Nach zehn Minuten macht mir die Nässe schon nichts mehr aus. Nach einer Viertelstunde gehen mir die Tropfen an Nase und Kinn auf die Nerven. Nach einer halben Stunde bin ich am Broadway und bekomme von einem Straßenhändler einen Schirm angeboten. Umbrella? Six Dollars, Sir...! Six, no, no, five...! Zu spät. Schon hat mich der Regen wieder aufgesogen. An der nächsten Straßenecke kostet dasselbe Stück noch einen Dollar weniger. Ich nehme den Schirm, spanne ihn auf und halte ihn probehalber über meinen nassen Kopf. Heimelig trommeln die Tropfen. Three Dollars, sage ich, doch der Händler schüttelt den Kopf.

Noch ehe er bereut, bin ich vorüber. Laufe, patschnaß und triefend, weiter durch den Harlemer Regen, grolle und schmolle, bis plötzlich, wie aus heiterem Himmel, eine Melodie von mir Besitz ergreift. Aus der schwarzen Regenwolke über mir blitzen Augen und Zähne des dunklen, weißbärtigen Bruders. Thank you, Lord, beginne ich zu singen, zögernd erst, dann lauter und immer lauter, thank you, Lord, for the rain! Und denke leise: Halleluja.

Stell dir vor:
ein Coke, ein Steak, ein Bett

Zehn Uhr morgens, Central Park. Ein Lied weht über Bäume, Sträucher und imaginäre Erdbeerfelder: Imagine, there's no heaven... Stell dir vor, den Hain, durch den John Lennon spazierte, ziert heute ein steinernes Sonnenmosaik. In seinem Kern ein einziges Wort: Imagine. Traum, Song und Vermächtnis. Ein frischer Nelkenstrauß liegt auf den Steinen. Sonst nichts. Hoch oben Vögel und, vielleicht, Lucy in the sky with diamonds. Imagine...

Ich stell' mir vor, es gäbe keine Kriege und nur noch Schreckschußpistolen auf der Welt. Ich stell' mir vor, wie John Lennon aufsteht, sich die Brillengläser blankputzt, seinem verwirrten Mörder die Hand reicht und in der Eckkneipe verschwindet. Der Barkeeper, ein alter Beatlesfan, nickt zum Gruß. A Coke, sagt John. Er bekommt seine Cola, mit viel Eis und einer Scheibe Zitrone. John raucht, läßt die Eiswürfel klingeln und sinnt über sein nächstes Familienalbum nach. Die John-und-Yoko-Story Part Two. Als ihm der Refrain in den Ohren summt, schwingt die Kneipentür auf, und Yoko Ono streckt den Kopf herein. Strenge Mandelaugen, mütterlicher Zorn: Hey Johnny, was fällt dir ein! Haust einfach ab! Unser Sit-in ist noch nicht zu Ende...!

Zu Ende aber geht mein New Yorker Parkaufenthalt. Der nächste Besichtigungstermin drängt, Bill und die Reisegefährten warten. Der Central Park, die grüne Lunge Manhattans, dehnt und dehnt sich unter meinen Füßen. Sanfte Hügel, ehrwürdige Alleen, von Sträuchern gesäumte Rasenflächen, hin und wieder, wenn Wege sich kreuzen, ein Blumenrondell. Schuf ein harmoniesüchtiger Landschaftsarchitekt die Anlage nach seinem Bilde? Es ist ein sonniger Herbstvormittag und die Wiese vor der Skyline dicht bevölkert. Studenten beim Stelldichein mit Baby und Übungsbuch. Auf den Asphaltwegen Radfahrer und Rollschuhläufer. Für einen Moment wünsche ich mir, ein New Yorker Jogger zu sein. Ich könnte mit meinem Walkman um die Wette laufen und dabei John Lennon hören. Stereo. Oder Yoko Ono. Mono. We all are jogging, it gives peace a chance!

Da wir eben mit unserem Kleinbus durch eine Tunnelröhre unterm East River rollen und nichts zu sehen bekommen als in der Autoscheibe unsere spähenden Gesichter, will ich versuchen, einen ästhetischen Grenzfall zu erörtern. Bin ich ein Reporter, bin ich ein schreibender Erfinder? Zugegeben, als Thüringer verspüre ich eine Affinität zum fliegenden Baron Münchhausen, vermischen sich in meinem Gedächtnis leicht Wahrheit und Dichtung. Unweigerlich unterlief mir zum Auftakt meiner New-York-Reisestory eine topographische Unverzeihlichkeit. Beschäftigt mit Herrn Frauenbergers köstlichen Thüringer Bordklößen, hatte ich während des Fluges den Lufthansa-Tourenplan nicht richtig studiert und behauptet, wir kreuzten Fernfeuerland. Ob ich denn nicht wüßte, wurde ich gerügt, wo Feuerland liege?! Nein, muß ich ehrlich gestehen, ich wußte es - damals - der geographischen Länge und Breite nicht zu orten. Und erblickte es dennoch: vor meinem geistigen Auge. Es ist ja so langweilig in den Lüften. Vielleicht wollte ich mit dieser Entdeckung auch nur meiner Eitelkeit frönen - frei nach dem Motto: Ich sehe was, was du nicht siehst... Hiermit entschuldige ich mich bei allen verstimmten Feuerländern. Tut mir leid, ich hab' euch nicht überflogen. Doch schwöre ich beim seligen Baron auf der Kanonenkugel, tatsächlich habe ich aus dem Bordfenster des Air-Omnibusses kurz hinter Engelland - war es auch wirklich Engelland? - in der Tiefe einen Feuerschein gesehen. Wenn nicht Feuerland, könnten es dann vielleicht die Küstenfeuer Islands oder die Lagerfeuer grönländischer Walfänger gewesen sein? Oder ein einsames Nordlicht?

Schließlich flogen wir nach Nordamerika. Ich weiß, ich weiß, am Ende wird sich wieder alles zu einem stinkgewöhnlichen brennenden Supertanker aufklären. Drum sag' ich lieber: Sorry, wir flogen ziemlich hoch, und Goethes Feuerzangenbowle war etwas stark...

Zurück in die City, genauer: in die 29 East 36th Street, wo sich majestätisch der Bücherpalast der Gentlemen Morgan senior und junior erhebt - die Pierpont Morgan Library. Was denn, schon wieder so ein leidenschaftlich sammelnder Familienverein? Of course, im Weltzentrum der Kunstauktionen vererben die Väter ihren Söhnen keine leeren Sprüche, sondern üppig ausgestattete Privatgalerien. Kunstkollektionen anstelle von Stammbüchern und Briefmarkenalben. Übernimm, mein Sohn, aus treuen Händen die Library und sorge für unseren Chagall, unseren Picasso und vergiß den getreuen Caspar David Friedrich nicht. Dann laß zur Ehre unsrer Family die Welt zur Pforte herein!

Kaum haben wir im Hause Morgan die Meister des 19. Jahrhunderts und alle prächtigen Gutenberg-Bibeln bestaunt, auch die handschriftlichen Mozart-, Beethoven-, Schubert-, Wagner- und Schönbergpartituren gewürdigt sowie Einblick in Einsteins und Freuds Briefwechsel genommen, da werden wir auch schon in das großväterliche Kaminzimmer gebeten. Wo, verwahrt vor der Bibliotheksöffentlichkeit, in einem verschlossenen Lederkoffer die bibliophilen Leckerbissen schmoren. Ein Urstück Wilhelm Tell, ein fetter Happen Charles Dickens, eine magere Bleistiftformel Albert Einsteins (natürlich: $E=mc^2$) und Tagebuchnotizen mit handcolorierten Wetterzeichen Mark Twains, des größten schreibenden Lausbuben von Amerika. Und was ist schon Caspar David Friedrichs romantische Rügenlandschaft samt Schäfern und Herden gegen ein Bündel hauchdünner Zwiebelhautblätter samt Original-Kaffeeklecksen aus der Tasse von Antoine Saint-Exupéry? Mister Morgan junior beschert uns vorm Kamin eine außerirdische Begegnung mit der frühen, ungeborenen Art des Kleinen Prinzen. Skizzen, Zeichnungen, die nie Eingang in sein weltberühmtes Bilderbuch fanden: der Hut-Elefant, lupenwinzig, der Prinzenplanet mit Baum und aromatischen Teetröpfchen, eine Urversion des Trinkers mit echtem Zigarettenbrandloch im Papier... Ach, liebstes Prinzlein mein! Es zuckt und juckt mir so kindlich in den Fingerspitzen. In einem Moment, da aller Blicke wie gebannt an Voltaires lederner Brieftasche haften, strecke ich blitzschnell die Hand aus und streiche dem getuschten Lockenkopf übern Schopf. Klebt er oder klebt er nicht? Gern, quälend gern hätte ich herausgefunden, welche Marmeladensorte Saint-Exupéry beim Zeichenfrühstück bevorzugte.

Weiter geht's durch New York City. Wir haben ein umfangreiches Programm abzuarbeiten und erholen uns nach jedem Programmpunkt in einem kulinarischen Etablissement. Heute abend soll es ein Brooklyner Steakhouse sein. Manchmal ist es auch eine Kneipe, in der, wie uns Bill jedesmal versichert, Woody Allen verkehre. Da der Stadtneurotiker nicht an hundert Theken zugleich seinen Whisky einnehmen kann, halten sich unsere Chancen, ihn innerhalb von sieben Tagen zu treffen, in Grenzen.

Auch in der schwimmenden Fluß-Bar, in der wir unseren Pre-Steakhouse-Aperitif empfangen, läßt sich Woody heute nicht blicken. Vielleicht, weil er nebenan im River Café sitzt, um Hubertus Meyer-Burckhardts live-haftigem Pro7-Flop beizuwohnen? Wir schreiben den Abend einer bedeutenden Fernsehpremiere: Die Zuschauerquoten zu beflügeln, flog der deutsche Talkmaster seine Gesprächspartner erstmals über den Großen Teich. Die deutsche Werbewirtschaft flog mit. Die Sponsoren, verkündet Herr Meyer-Burckhardt stolz zum Show-Auftakt, hätten sich um den ersten Werbeblock regelrecht geprügelt. Die Zahl der Beulen und blauen Flecken verschweigt er. Was gibt es zu ergänzen? New York zeigt sich an diesem Abend wolkenverhangen, trüb, triselig. So ähnlich, las ich in der Frankfurter Allgemeinen Zeitung, soll auch die Talkshow gewirkt haben. Kein Grund zur Traurigkeit. Schließlich feiere ich zeit- und beinahe ortsgleich meine eigene Premiere: trinke in der Fluß-Bar meinen ersten und vermutlich letzten „Manhattan". Dann wird's duster. Brooklyn, eine der Schattenseiten New Yorks, droht in der Dämmerung mit heruntergekommenen Fassaden und verlassenen Fabrikgebäuden. Wind, Schmutz und streunende Katzen. Von Menschen leergefegte Straßen. Nach halbstündiger Irrfahrt räumen Bill und der Busfahrer ein, die Orientierung verloren zu haben. Aufatmen angesichts eines Passanten: Zum Steakhouse Ruger? - Yes! Straight on! Immer der Nase nach!

Dann stehen wir, ziemlich gedrängt, in einem schlauchförmigen Kneipengang. Wait a moment - Sie werden plaziert. Aus welchem Historienspektakel ist mir dieser Satz geläufig? Mein zweiter Aperitif wird über die Wartetheke gereicht. Die hölzerne Saloontür pendelt und knarrt, gibt den Blick auf lange, nüchterne Holztische frei. Fleischberge, Bierhumpen und schwitzende Touristen. Feucht-fröhliche Schlachthausatmosphäre. Endlich gibt ein Kellner das erlösende Zeichen, winkt uns an einen freien Tisch. Wir haben, stellt er klar, hier nur Steak. Sein Ratschlag: Nehmen Sie zwei Steaks für vier oder vier Steaks für acht Personen, sonst werden Sie damit nicht fertig. Die Saloontür schwingt, unser Kellner ist im Küchendunst untergetaucht. Bier und Fleisch wechseln bei Ruger geschwind den Besitzer. Aus der Brooklyner Dunkelheit nachdrängende Steakhousebesucher schlürfen, auf Plazierung hoffend, geduldig ihre Bloody Mary.

Noch ein Stück Rind gefällig? Der Steakbringer hat ein lustiges Gesicht, seine Augen lugen verschmitzt durch die Hornbrille, das Walroßbärtchen hüpft: Horst mein Name. Bin 1954 von Deutschland nach Amerika, seit 26 Jahren Kellner bei Ruger, Knochenarbeit, bescheidener Stundenlohn. Karl kann es bezeugen - wir haben hier unser Auskommen, aber vom Trinkgeld müssen wir leben, nicht wahr, Karl?

Landsmann Karl kann, Bierhumpen balancierend, momentan nicht in den Zeugenstand treten. So hastet auch Horst in die Bratküche zurück. Nach der dritten Bestellung läßt er die Saloontür ausschwingen und nimmt auf eine Steaklänge bei uns Platz. Zeitungsleute seid ihr? Glaubt mir, die Deutschen fühlen sich hier immer am wohlsten... Wie zur Bestätigung hebt am Nebentisch bayerische Folklore an. Horst summt mit, unterbricht: Der alte Herr ganz hinten, der Weißbart, das sei der Boß. Peter Ruger, 92 Jahre, eingewanderter Urmetzgermeister. Der Alte wandert noch immer, biertrinkend, von Tisch zu Tisch. Läßt sich brühwarm die News aus der Heimat berichten. Gern würden auch wir mit Herrn Ruger einen Humpen leeren, doch trennen uns vom Chef noch etliche von Bayern und Rheinländern besetzte Tischreihen. Die Gesänge halten auf. Sorry, ich muß wieder, seufzt Horst und steckt das Trinkgeld weg.

Und wieder stehe ich, fast am Ende mit meinem New-York-Latein, vorm Hotelpalast und bekenne: Ich bin ein Museumsbanause! Ich war nicht im Metropolitan, nicht im Museum of Modern Art - man kann, leider, in fünf Tagen nicht hundert Musentempel betreten. Doch soll man, wenn das Hotelmanagement es wünscht, an einem einzigen Morgen tausend Matratzen besichtigen.

Eigentlich sind wir im legendären Waldorf-Astoria, New Yorks erster Hoteladresse, zum American Breakfast geladen. Dürfen uns bei Ham und Eggs über gute Buchungsbilanzen freuen und müssen doch zur Kenntnis nehmen, daß man die Weihnachtszeit in der Branche die Sauregurkenzeit nennt. Welcher traditionsbewußte Christ fliege heute noch zum Weihnachtseinkauf nach New York? Die Geschäftsreisenden machten lieber daheim auf Familie. Amüsierten sich womöglich beim Teleshopping. Plötzlich kommt dem mit uns frühstückenden Managerhirn ein erlösender Gedanke: Könnte man, sinniert es halblaut, nicht zum Dessert eine kleine Hotelbesichtigung arrangieren? Einen Waldorf-Astoria-Verdauungsbummel für die deutsche Presse? Die Gelegenheit scheint günstig, es stehen gerade viele Suiten leer. Und so folgen wir, ein journalistisches Besenkommando, gehorsam dem Chefdispatcher von Etage zu Etage, von Zimmer zu Zimmer, von Suite zu Suite. Werfen Kennerblicke auf Fußböden und Tapeten, prüfen Betten und Designermatratzen, sinken in Sessel und Kanapees, bespiegeln uns in Glasschränkchen und Seifenhaltern, probieren Wasserhähne und Toilettenspülungen und arbeiten uns dabei unmerklich zur Luxusklasse empor. Als wir nach gut einer Stunde in der Spitze des Waldorf-Tower angelangt sind, befällt mich die Höhenangst. Der Papst, heißt es, hielt in diesen Räumen Zwiesprache mit dem Oberheiligsten. Und Kanzler Kohl grübelte nebenan schlaflos über der deutschen Einheit. Ich wage nicht, mich nach dem Preis zu erkundigen. Unbezahlbar, so eine Himmelssuite. Ist es Zufall, ist es Fügung? Just im selben Moment, da wir andächtig schweigend in der Top-Suite verharren, höre ich IHN im Central Park singen: Imagine, there's no heaven... Nicht wahr, John, die Revolution in Jesuslatschen und im Rolls-Royce darf vor der Tower-Suite nicht halt machen. Sonst legen sich immer wieder andere ins gemachte Nest. Tower to the people!

Über sieben Brooklyn-Brücken
mußt du gehn

Manchmal bin ich schon am Morgen müd..." Singen die old Boys von der Berliner Gruppe Karat, bevor sie „Über sieben Brücken" gehen.

Vielleicht nächtigten sie einmal wie ich in der New Yorker Palace Hotelbar. Ein Lokal mit schwankendem Ausgang. Alibi meines vorletzten Abends in Manhattan. Nach dem dritten Glas stieß mir ein Versäumen auf: Sollte ich mich nicht auf der Brooklyn-Brücke mit einem Thüringer Landsmann treffen? J.R. - geheime redaktionelle Chef-Sache. Interner Presseauftrag, ozeanübergreifend. Leider war mir der Name des berühmten Brückenmenschen im Broadway-Trubel untergegangen. Mir fiel vor Schreck nur der Dramatiker Jura Soyfer ein: Wo man die größten Brücken baut, springen die meisten Menschen ins Wasser.

Ich sprang in die Spur, angelte mein Buch aus der Reisetasche und suchte den kürzesten Weg zur Brooklyn-Bridge. Bloß nicht über die heillos verstopften Straßen! Nicht auf die ampelgespickten Avenues! Am besten schnurstracks durch den Untergrund. Wie fährt man in New York mit der Subway? Mein bayerischer Redakteurskollege (Ressort Sport und Weltreisen) weiß es nicht. Er besieht sich die City lieber von oben, vom Highway aus. Der tennisbegeisterte Chefredakteur eines hessischen Tagesboten erinnert sich dunkel: Man braucht einen Token... Die „Zeit"-Redakteurin schließlich kennt sich aus und schenkt mir zur Jungfernfahrt eine gelochte Münze.

Aber gehen Sie nicht allein hinunter, werde ich gewarnt. Steigen Sie nur ein, wenn der Wagen bewacht ist. Und behalten Sie, lieber Freund, immer ein Auge offen.

Das Einfache, das so schwer zu beherzigen ist. Besonders, wenn man es eilig hat. Als ich in den Sub-Schacht steige, keine Seele weit und breit. Im Wagen fehlt der Wächter. Drei, vier Fahrgäste sind mit mir, sie dösen und blinzeln mit wackelnden Köpfen. Ich zwinge mich, abwechselnd das eine und das andere Auge offenzuhalten; vorm Einschlafen bewahrt mich nur die Angst, den richtigen Ausstieg zu verpassen. Nach fünfzehn Minuten bin ich noch heil und wieder oben. Also alles halb so schlimm? Als ich am nächsten Morgen eine New Yorker Zeitung aufschlage, erblicke ich zwei frische Leichen aus den Schächten; die Subway-Mörder hatten in jener Nacht eine andere Linie bevorzugt.

„Manchmal geh' ich meine Straße ohne Blick..." Aber nicht heute. Denn vor mir erhebt sich der drahtige Koloß, das legendäre Netzwerk, der gewaltige Harfenbogen des J. R. über den East River. Die Brooklyn Bridge - ein schwebendes Weltwunder. Ich beschaue es von fern, ich bestaune es aus der Nähe, ich wandle zwischen seinen tönernen, graffitibunten Füßen; erst als halbwüchsige Skateboarder mich zu umkreisen beginnen, eng und immer enger, fast schon meinen Ärmel streifen, mach' ich, daß ich auf die Rampe komme.

Hi, sage ich zur Gedenktafel am ersten Brückenturm. Da habe ich zehn Minuten Anstieg hinter mir, vor mir und rundum eine heitere, luftige Aussicht auf New York, Brooklyn und das nebelige Ellis Island. Unter mir schweigt der Fluß, brüllt sechsspurig der Autoverkehr. Und von der Bronzeplatte grüßt mich leise mein berühmter Landsmann. J. R. - Johann A. Roebling natürlich, das Thüringer Ingenieursgenie. Geboren 1806 in Mühlhausen, nach Amerika ausgewandert im Jahre 1831. J. R. konstruierte die Brooklyn-Brücke, begann mit ihrem Bau und wurde 1869 ihr Opfer. W. R., sein Sohn, der Oberst Washington A. Roebling, aufgewachsen im amerikanischen Saxonburg, Soldat im Bürgerkrieg und technisch nicht weniger versiert als der Vater, setzte das Wunder fort, ließ sich von schwindender

Gesundheit nicht entmutigen und vollendete, bereits gelähmt, 1883 die Brücke. Ein großer, ein stolzer Tag in der New Yorker Geschichte. Ein bißchen Stolz, ein Stölzchen, weht vielleicht noch heute über den Großen Teich bis in die Thüringer Heimat.

Weht es oder weht es nicht? Wehe, es weht nicht. Dies ist der Moment, da ich, heimatverbundener Brückenbeauftragter einer weltoffenen thüringischen Zeitung, meine Fachlektüre hervorhole, um mich am Originalbauplatz der Geschichte umzutun: „Johann August Roebling - vom Schicksal ausersehen, der große Pionier des modernen Brückenbaus und Gründer einer bedeutenden amerikanischen Industrie zu werden und eine dramatische Rolle im Triumphzug des Fortschritts in der Neuen Welt zu spielen - wurde am 12. Juni 1806 in dem alten, verträumten Städtchen Mühlhausen in Thüringen geboren..." Schon stocke ich, denn es ist das Jahr der preußisch-thüringischen Niederlage gegen Napoleon. Das Roebling-Kind aber kommt auf die Füße, will große, Flüsse überspannende Taten vollbringen, doch muß es als Landvermesser und Hilfsingenieur im Staatsdienst immer dieselben kurzen, billigen Brücklein bauen, kleine Brückenkrücken, getreu nach Vorschrift. Eines Tages schnuppert J. R. Morgenluft. Ein abgewanderter Jugendfreund reitet aus der Neuen Welt in Mühlhausen ein. Drüben, berichtet er, seien Männer noch Männer, über Amtsschimmeln kreisten die Geier, und der unbändige Niagara-Fluß, er brülle danach, von Dampfrössern überquert zu werden. Das freieste Land der Erde brauche Brücken, Brücken, Brücken. Etzler, so hieß der Freund, landet wegen „Verleitung zur Auswanderung" im Gefängnis. So mag auch Roeblings Vater den Sohn nicht ziehen lassen, es gebe, hörte er, in Amerika kein Bier, dafür aber furchterregende Indianer - ein Leben unter Ausländern und Wilden?

Es hilft nichts, am 11. Mai 1831 schlägt Mühlhausen der Abschied. Noch ahnt kein Thüringer, daß der 25jährige Guck-indie-Welt bald alle Fachleute mit ausgetüftelten neuen Technologien in Erstaunen versetzen wird: Draht statt Hanf, Stahl statt Eisen, sechs Brücken innerhalb von sechs Jahren, darunter die erste Eisenbahnhängebrücke der Welt. Malerisch spannt sie sich über den Niagara...

Nicht minder imposant die Brooklyn-Brücke, die J.R., ihr Konstrukteur, in ihrer vollendeten Pracht nicht mehr erblickt. Ein Unfall zerquetscht dem alten Mann den Fuß. Auf der Stelle, ohne Narkose, werden ihm die Zehen amputiert, er fällt wenig später in Krämpfe und stirbt.

„Über sieben Brücken mußt du gehn, sieben dunkle Jahre überstehn, siebenmal wirst du die Asche sein, aber einmal auch der helle Schein..." Über mindestens sechs Brücken ist J.R. gegangen, hatte die Brooklyn-Bridge die siebente werden sollen?

Ich schreite das stählerne Konstrukt aus, das Roebling junior, der bürgerkriegserfahrene Oberst, seinerzeit East River Bridge taufte. Eine salzige Prise streift mich, entgegenkommende Jogger, Skater, Radfahrer und Fußgänger weichen mir aus. Unentwegt rollt unter mir der Verkehr. Am anderen Brückenturm, kurz vor Long Island, zücke ich wieder meine Lektüre - Steinmanns „Brücken für die Ewigkeit. Das Leben von Johann Roebling und seinem Sohn" (Werner-Verlag Düsseldorf 1957), sinke im Geiste mit dem Druckluft-Caisson tief unters Flußbett, sehe Dampfer das erste Stahldrahtseil von Brooklyn nach New York schleppen, schwinge mich in die Lüfte und überquere als erster Mensch im Seilkorb den East River...

Im Frühjahr 1877 ist die Fußbrücke fertig, ein schmaler, schwankender Plankenweg. Aber nun bekomme ich in der Haut von Roebling junior, der, um einen sicheren Eisenbahnverkehr zu gewährleisten, 1000 Tonnen Stahl zusätzlich fordert, den Geiz der Geschäftswelt, die Dummheit neidischer Ingenieure und das geballte öffentliche Mißtrauen zu spüren. Dies aber kann mir den herrlichen Frühlingstag, den 24. Mai 1883 - zufällig (oder nicht) auch noch der Geburtstag der britischen Queen -, den heiligen Tag der Brooklyn-Brücken-Weihe also, nicht mehr verdrießen. „Der Präsident mit seinem Gefolge und mit der militärischen Begleitung schritten über die ansteigenden Bogen der New Yorker Auffahrt und dann über den ersten Brückenbogen zum Stützturm der New Yorker Seite. Hier wurde der Zug von den Vertretern Brooklyns und einer militärischen Ehrengarde begrüßt. Präsident Arthur und Gouverneur Cleveland verließen ihre Kutschen, um zu Fuß über die Brükke zu gehen...“

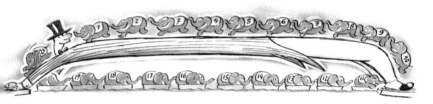

Soweit aus dem feierlichen Brücken-Buch-Protokoll. Muß ich nun, den Mühlhäuser Landsmann und seinen heimatverbundenen Sohn zu ehren, noch weitere sechs Mal über die Brooklyn-Brücke schreiten? Ich verabschiede mich nach der zweiten Flußüberquerung mit einem Blick auf die fünfundzwanzig Jahre später enthüllte Bronzetafel. Da wird, und das ist wahrlich gentlemanlike, als erste unter den Brückenbauern die Pflegegattin Emely Warren Roebling (1843-1903) genannt: „Durch Mut und Glauben half sie ihrem gelähmten Gatten Oberst Washington A. Roebling, Zivil-Ing. (1837-1926), den Bau dieser Brücke vollenden nach den Plänen seines Vaters...“ P.S.: „Hinter jedem großen Werk steht die aufopfernde Liebe einer Frau.“
Vielleicht sollte im Interesse fortzusetzender thüringisch-amerikanischer Tradition noch erwähnt werden, daß Washington und Frau während einer Europareise auch die Roebling-Stadt Mühlhausen besuchten. Und dort, in einem Gasthof gegen-

über dem familiären Stammhaus, wurde ihr einziges Kind geboren, das zu Ehren des Großvaters den Namen John A. Roebling II. erhielt.

Von Mühlhausen in die Neue Welt und zurück nach Weimar - Luftbrücken halten bis heute die Verbindung. Ade New York, ade Broadway und Brooklyn-Bridge! Letzte Fahrt über den 490 Meter spannenden Bogen zum Airport. Pünktlich heben wir ab. Der Lufthansa-Käptn, der zwanzig Jahre Boeing flog und erst seit kurzem den Airbus A 340 lenkt, hält ein Trostpflaster für mich bereit: Ich darf vom Cockpit aus ein bißchen den Nachthimmel betrachten. Durch die schmalen, schlitzartigen Frontfenster des Langstreckenvogels erblicke ich zwei seltsame gelbe Punkte und ein rotes Blinklicht, melde es unverzüglich weiter: Voraus unbekanntes fliegendes Objekt! Etwa 4000 Fuß über uns, auf demselben Treck, bestätigt der Copilot. Entfernung? Der Käptn erklärt sich bereit, das Ding anzupeilen. Nach wenigen Sekunden erscheint vor mir im untertassengroßen Radarkreis ein Kreuzchen, genau zwischen den Ziffern 8 und 10 - cirka 8000 Meilen voraus. Keine Kollisionsgefahr, entscheidet der Käptn, wir bleiben auf Heimatkurs.

Wenig später verglimmt - J. R. zu Ehren? - bogenförmig eine Sternschnuppe im Weltenmeer. Wunschbrücke zwischen Himmel und Wasser.

It's only platt und hohl,
but I like it

Wenn 'ne Band lange Zeit lebt...
(Die Puhdys)

Sie gelten als Mitbegründer des Deutschen Demokratischen Rock und sehen heute bereits doppelt so alt aus, wie die Stones einmal werden wollen. Schon in urigen Zeiten umheulten sie mit Uriah Heep den aufgehenden Popmond. Wild smokten sie mit Deep Purple on alle Water. Jungpionier „Ikarus" wies ihnen die Bahn, und „Vineta" (Mecklenburgs Klein-Atlantis) läutete aus verklärter Tiefe. Furchtlos strebten sie nach vorn, wo das Licht war. Türen öffneten sie sich nicht nur zur Stadt, sondern auch dem ganzen Land zum Beat, der hier - weil die Mächtigen die Sprache Shakespeares nicht beherrschten - beizeiten im Deutschrock von sich singen machte.

Die Laudatio gilt Ostdeutschlands dienstältester Band, die sich jüngst aus der „Rockerrente" entließ, um noch einmal frisch und frei möglichst viel Heu einzuspielen. Getreu ihrem Grundsatz: „Wenn ein Mensch lange Zeit lebt, / sagt die Welt, es wird Zeit, / daß er geht." Zusammen bringen die fünf Veteranen mindestens 300 Jahre auf die Bühne (es wären wohl noch einige Lenze mehr, hätten sie nicht rechtzeitig ihren alten Schlagzeuger gegen einen jüngeren ausgetauscht). Nun geht auch Harry in die Rente. Dennoch gibt sich die Band, was ihre Zukunft anbelangt, ausnehmend dialektisch: „Es war wie es war / es ist wie es ist / und wie es sein wird / wissen wir nicht."

Erinnern wir uns, wie es war. „Manchmal im Schlaf" träumte Bandleader Birr schon Anfang der Siebziger vom Drachensteigen, doch erst Legenden-Paule Ulrich Plenzdorf (DEFA 1973) schickte die Puhdys - „Geh zu ihr, denn der Mensch lebt nicht von Moos allein" - auf sicheren Erfolgskurs, den sie über Höhen und durch Senken kräftig stapften. Zu Rundfunkrennern wie „Lebenszeit" und „Schattenreiter" gesellten sich vielstrophige Balladen („Lied für die Generation"), neue deutsche Volkslieder („Alt wie ein Baum") oder Reminiszenzen an die in Disco-Wellen versunkenen Vorreiter („Hey John"). Gejagt von ihrem Ruf, in DDR-Hitparaden immer die Nummer eins zu sein, schwammen sie selber der Mode nach („TV-Show"), begaben sich auf romantische Abwege („Reise zum Mittelpunkt der Erde"), tauchten nach Kitsch („Perlenfischer"), um schließlich - in den vorwendischen Achtzigern - im real existierenden Teeny-Alltag anzukommen. „Melannies" Träume starben. „Doch die Gitter schweigen." Der Puhdys Töne wurden rauher, anzüglicher („Schlaf mit mir"), direkter („Der Außenseiter"). Unter dem Vorwand „Ich will nicht vergessen" blickten sie eines Tages sogar ins Heine-Lesebuch, dachten an Deutschland in der Nacht und beschworen bei Tage singend die Einheit der Ängste, was ihnen - dunkler Fleck in der Rock-Kader-Akte - kurzzeitige Rundfunkstille bescherte.

Da fragte sich selbst Kulturking Hartmut König von der Freien Deutschen Liederbewegung, wo sie denn noch stehen. Schließlich waren sie die proletarischsten seiner Jungs innerhalb der brüderlichen DDR-Rock'n'Roll-Gemeinde - laut und bar jeglicher Intellektualität, volksnah, fanverbunden und immer mit der Stimme geradeheraus. Die Oranienburger hatten sich schon 1969 - also noch zu Ulbrichts Zeiten - vor Übermut gewarnt („Steige nicht auf einen Baum") und gleichzeitig dem Opportunismus abgeschworen („Geh dem Wind nicht aus dem Wege"). Sieben Jahre später wurden sie für sozialistische Bodenständigkeit und kontinuierlich gesteigerte Produktionsergebnisse belobigt: Als erste Gruppe made in G.D.R. durften die Puhdys 1979 dem Westen einen offiziellen Konzertbesuch abstatten und 1981 (nur wenige Jahrzehnte nach Mick Jagger) in der „Waldbühne" auftreten.

Im Gegensatz zu den exotisch „Rollenden Steinen" fanden die grollenden Puhdys schnell ihren Platz im ostdeutschen Volksmund, in dem sie heute noch lebendig sind. Auf die Frage, was denn „olle DDR" gewesen sei, rangiert die Band neben Trabi, Karo, Ata und Mondos in vorderster Linie. Puhdys war ein Markenzeichen für gezähmten Aufbruch und sanfte Reibung an realsozialistischer Tagespolitik. Dank Texter Wolfgang Tilgner rieb man sich stilvoll und metaphernreich. Später wurde Dieterich von Birr sein eigener Hausdichter und griff, wenn sich's partout nicht reimen wollte, zum rüttelnden Waschbrett: „Und sind wir auch mal alt wie ein Baum, / wir geben nicht auf den Rock'n'Roll-Traum. / Das haben wir uns als Kind schon geschworn: / Wir sind zum Rock'n'Roll geborn."

Das Fazit der Stones klingt härter: „It's only platt und hohl, but I like it."

Manchmal fiel auf sie der Frust
(Renft)

N ach der Schlacht war'n die grünen Wiesen rot. / Nach der Schlacht war'n viele Kameraden tot..." Die kulturpolitische „Schlacht" tobte in der DDR zwischen 1975 und 1976. Am Ende wurden, wie in dem Renft-Song, die Hinterbliebenen gezählt. Mundtot auch die „Weggefährten" um Bandvater Klaus (Renft) Jentzsch: Thomas (Monster) Schoppe, Christian (Kuno) Kunert, Peter (Pjotr) Kschentz, Peter (Cäsar) Gläser und Jochen Hohl. Die sechs, die in fünfjähriger Gemeinsamkeit öfter mit Auftrittsverbot belegt worden waren, als daß sie hatten Titel einspielen dürfen, reagierten gelassen: „Manchmal fällt auf uns der Frost / und macht uns hart."

Die Gründung der wohl musikalisch interessantesten DDR-Band im Jahre 1970 war eine direkte Folge sozialistischer Mangelwirtschaft: Bluesgitarrist Cäsar hatte kein Mädchen und kalte Füße, Baßmann Jentzsch nur einen Ranft Brot im Haus, und Sänger-Monster Schoppe brauchte dringend einen Whisky. „Kinder", empfahl sich Keyboarder Kuno, „ich bin nicht der Sandmann". Die anderen glaubten ihm, und so begann man, Singegruppenerfahrung nutzend, tatkräftig zu träumen: von der Nächstenliebe im Schrebergarten („Apfeltraum"), von schneeweißen Dampfern („Was mir fehlt") und einem demokratischen Chile („So starb Neruda"). Renfts allererstens Hit - „Zukunft wird aus Tat geboren" - mag man in dieser Aufzählung lieber vergessen. Aber „irgendwann", so ahnte Cäsar schon damals, „werd' ich mal etwas ganz Großes tun."

Sie versuchten es im Musikerkollektiv. In bissig-ironischen Titeln sang sich das Sextett den Leipziger Alltagsfrust von der Seele - diese endlose „gelbe Straßenbahnballade". Anfangs noch

„zwischen Liebe und Zorn" Trittbrettfahrer, probten sie mit „Als ich wie ein Vogel war" schon mal den Abflug. Doch die Funktionäre glaubten, es handele sich um ein Volkslied, und luden die Band zu den Weltfestspielen nach Berlin ein. „Ketten werden knapper", frohlockte Renft-Texter Gerulf Pannach. Doch da täuschte er sich.

Zwar bekam Thomas Schoppe auf einem FDJ-Zentralratsbankett endlich genug Whisky. Doch den brauchte er, um aufkommenden Ekel hinunterzuspülen. Die Band war nach einem Subbotnik vor Berufsjugendlichen gelobt worden. Cäsar fluchte: „Lieber wird ein Musikant zum Gärtner!" Man beschloß, sich aufs Land zurückzuziehen und eine Geflügelfarm zu eröffnen. Und so sangen sie jeden Morgen gemeinsam auf der Wiese: „Unsre LPG hat hundert Gänse und ein Gänselieschen, das ist meins..." Doch wie fast alle sozialen Experimente endete auch dieses im Fiasko. Cäsar tat unschuldig: „Glaubte, sie sei noch ein Mädchen..." - „Trug sie Jeans", fragte sich Monster, „oder ein Kleid?" Das war aber nicht mehr wichtig, denn die Kollektivierung hatte ihr „Gänselieschen" längst plattgemacht.

Ähnliches drohte nun der Band selber. Nicht weil sie die Rose ehrte und mit dem Refrain „Das wird sein, wenn's sein wird / und alle sie lieben" die Utopie in der DDR-Rockszene verankerte. Vielmehr, weil sie - anstelle von: Wir und die Partei - trotzig „Ich und der Rock" sang. Zudem hatte Texter Pannach den sozialistischen Realismus nicht richtig studiert und Republikflüchtling „Otto" unbeirrt die „Glaubensfragen" folgen lassen: „Du woran glaubt der / Der in'n Kahn geht / Und den Hintern quer / Zu der Fahn dreht?" Darauf wußten Leipziger Funktionäre Antwort. Am 22. September 1975 teilten sie der überraschten Klaus-Renft-Combo mit, daß sie offiziell zwar nicht verboten sei, aber aufgehört habe zu existieren.

„Was noch zu sagen wär": Jentzsch und Schoppe gingen in den Westen, Kunert und Texter Pannach zunächst in den Knast.

Peter Gläser blieb und machte mit „Karussell" und „Cäsars Blues Band" weiter. Die Renft-Legende blühte nun im Untergrund erst richtig auf. „Mancher Vater ging verlorn im Krieg, / mancher ging verlorn an der Liebe..." Vater Renft aber kehrte nach dem Mauerfall heim und suchte seine Schäfchen. Nicht alle zeigten sich folgsam. So tourt seit 1991 nur die halbe Combo, aufgestockt mit drei Neulingen, durchs „Anschlußgebiet". Hin und wieder kreuzen sich dabei Monsters und Cäsars Wege. Dann kann man, mit etwas Glück, am selben Abend zweihundert Gänse und ein doppeltes „Lieschen" hören.

Schwanenrock
(Karat)

Es neigte ein Schwanensänger / seinen Hals bis ins Publikum hinab. / Seine Weste schien weiß wie am ersten Tag, / rein wie Sirenentraum. / Und im Glitzern der Bühnenbeleuchtung / sieht er in den Spiegel der Leute hinein, / und mit bebender Stimme weiß er: / das wird sein Abschied sein...
Karats harter Kern (Dreilich, Swillms, Protzmann, Römer, Schwandt) hüllt sich gern in melodiöse, mystisch angehauchte Balladen. Panta rhei - alles fließt, webt und wandelt: ein „Herz, das auf Samt", ein Volk, das „über sieben Brücken", ein „Schwanenkönig, der in Liebe" geht. Vergeht. Und alle Tiere rauschen. Ohhhh-jeeee..., stoßseufzt der Baß. Wenn Karat singt, sterben nicht nur die Schwäne, sondern schwindet auch die Erinnerung an die einstige Experimentalband Panta Rhei. Von jener (1971 u. a. mit Herbert Dreilich und Veronika Fischer gegründet) ist ohnehin nicht viel geblieben. Eine Neigung zum Rock mit sinfonischen Zügen hat in Ulrich „Ed" Swillms Komponistenseele überdauert: „Albatros", „Rockvogel", Rockromantik, Schwanenrock. Aber wohin schwimmen und segeln sie eigentlich? - „Das tägliche Einerlei einer Industriegesellschaft", erinnert Musikkritiker Olaf Leitner, „inspirierte die Gruppe selten zu kreativem Schaffen, vielmehr baute man an der Nische des Privaten, an subversiven Träumen und am unkontrollierbaren Flug über Grenzen."
Karat als subversives Schwanennest sozusagen. Daraus stiegen Hits wie „Kalter Rauch". Beinahe zu „Jeder Stunde". Trotz „Mond", „Monster" und „Gewitterregen" - den Sturmvogel „Albatros" (getextet von Diplomhistoriker Norbert Kaiser) haben die Fans seinerzeit um seinen Aktionsradius beneidet:

„Er fliegt um die Erde, / vom Südpol nach Norden. / Kein Ziel
ist zu weit. / Der Albatros kennt / keine Grenzen..." Karat kannte
sie und durfte - als singender Reisekader - passieren. Kehrte
flugs mit einer Goldenen Schallplatte aus dem Westen zurück.
Denn was sie hüben einspielten, kam auch drüben gut an. Das
begriff Rock'n'Roll-Fan Peter Maffay und bediente sich. Stie-
felte so oft über die „Sieben Brücken", daß die Urversion von
Swillms/Richter/Dreilich heute siebenmal besser gefällt.
Karat-Musik war ja hierzulande „Fünfte Jahreszeit". Harten
Rock vertrugen die Schwäne nicht, die Gauklernummern fielen mit Hans-Joachim Neumanns Abgang ins Wasser, und
zwischen liedhaftem und klassischem Rock wollten und konn-
ten die Verbliebenen nicht schwimmen. So schlüpften in der
Mehrzahl harmoniebetonte, zuweilen mit Bässen aufgerauhte
Titel für die ganze Familie. Kosmische Ausnahmen bestätigen
die Regel. „Der blaue Planet" ging mit originären Klangpartien
am Hitparaden-Himmel auf, aber in Discotheken ließ sich zu
entfesselten Neutronen schlecht tanzen. Die Fans waren zum
Hinhören verurteil, strömten in die Live-Konzerte. Dort beka-
men sie mit „Reggae Rita Star" auf dem „Narrenschiff" beinahe richtigen Rock zu hören. Aber Lyrisches (es dichteten neben Dreilich auch Dichter wie Jens Gerlach und Heinz Kahlau)
gab weiter den Ton an. „Rollt aus den Teppich, daß das Herz
auf Samt geht. / Stille und Kerzen stellt an den Weg..." - Oh,
König Demmler, wir verneigen uns vor solch majestätischer
Poesie! Deine Verse regieren die Welt, und unser Herzklopfen
sei dein Ritterschlag...
Früher sang Dreilich-Herbert schlicht: „Und ich liebe dich."
Einer der schönsten Karat-Songs, ohne Thron und Teppich.
Man hört ihn gelegentlich wieder. Wie auch den „Albatros",
den „König der Welt", den „Schwanenkönig" und all die ande-
ren geflügelten Monarchen. Das Vogelsterben geht nämlich un-
aufhaltsam weiter. Bis daß der letzte Fan auf Samt liegt.
Ihren Nachruf hat die Band bislang noch nicht aufgelegt:

Es zogen einst fünf wilde Schwäne... Noch ziehen sie ja und drohen in des Dreilich Teufels Namen: „Huuuu, wir leben noch! Huuuu, wir singen noch / und lieben jede Stunde!"

Nein, Flöckchen, nein!
(Veronika Fischer)

„Daß ich eine Schneeflocke wär, / Kinderzeit ist lange her..."
Veronika Fischers sehnlichster Wunsch, sich in einen Eis-
kristall zu verwandeln, blieb in der DDR unerfüllt. Er vertrug
sich nicht mit ihrem stimmlichen Schmelz. Außerdem folgte
zu rasch ein Sommerhit auf den nächsten. Vroni mußte, statt
kühle Schneehäuser zu bauen, auf rauchigen Sommernachts-
bällen tanzen: „Dreh dich und sieh dich nicht um, didel-di-
dum...!" Trotz „Weihnachten wieder daheim" und „Blues von
der letzten Gelegenheit" - Flöckchen schmolz dahin, und „es
blieb nur der Rauch".

Seither schwebt Veronika Fischer in Erinnerungssphären: „Als
ich noch ein Kind war." Schwört: „Und was ich liebte, / liebt'
ich, wie es war." Wünscht sich: „Geh und fang mir den Vogel!"
Kapellmeister Franz Bartzsch versuchte es, doch nichts ließ sich
mehr greifen. Mit der heilen Kinderwelt schwanden Toleranz
und Aufrichtigkeit im Arbeiter-und-Bauern-Land. Fischer-
Vroni fror, wärmte sich an Volksliedern, schluckte Herz-
Schmerz-Balladen und probierte es nach dem „Samariterblues"
sogar mit rauher Alltags-Therapie. Nichts half. Als man ihr
nahelegte, zur Aufrechterhaltung der gesellschaftlichen Harmonie künftig ihre Gesänge für sich zu behalten, stürzte sie ihr
Klavier in den Fluß und drohte: „Nein, Doktor, nein! / Das
kann nicht sein. / Ich bin nicht krank. / Ich schränk' mich
nicht ein."

Im Gegenteil, sie sang und sang wie ein Vogel. Einst bei „Panta
Rhei". Nun mit „4 PS". Da spätestens war der Winter ade und
erwachte Vronis Sommernachtsdrall: „Auf der Wiese", „In jener Nacht". Zwar zwitscherten am Wegesrand die Helferinnen

Ingeburg Branoner und Bettina Wegner, doch die Ernte wurde flott im Trio eingefahren: Sängerin Fischer, Komponist Bartzsch und Texter Demmler. Als Freund Franz das deutsche Ufer wechselte, klagte die Fischerin „an den Stegen der Einsamkeit". Fühlte sich von ihrem Staat schikaniert und von den DDR-Medien übergangen. Plötzlich war schneidige Kälte und kein Schneehaus in Sicht. „Was ist", fragte sich die Sängerin, „daß die Stimme so kratzt?" War's wirklich nur Rauch? 1981 folgte sie Franz Bartzsch in die Bundesrepublik, und die DDR war um einen Verlust reicher.

Von Westberlin aus fügte Veronika Fischer ihren vier Amiga-LPs fast jährlich eine weitere unter anderem Label hinzu, doch der Eiswind blies. 1985 ließ „Sehnsucht nach Wärme" selbst ihre West-Fans frösteln. Vroni schneite zwar wieder mit eigener Band durch die Musikmedien. Die Schneeflöckchen-weiß-Röckchen-Kindheit aber lag hinter der Mauer, unerreichbar im anderen Land.

Dreh dich und sieh dich nicht um, didel-di-dum? - „Was ist dabei", meint Fischer-Vroni acht Jahre später. Die Mauer ist gefallen und Schneeflöckchen wieder auf Heimat-Tournee. Unvergessen. Von ihren Fans erwartet und gefeiert. „Und da war auch ein Lied", erinnert sich Franz Bartzsch. „Und da war auch ein Wort..." Und vor allem ist da noch viel „rauchiger Sommer" in Vronis Stimme. Für tausendundeinen Sommernachtsball. Und ein Happy-End hält unser kleines Wintermärchen auch bereit: Im Tanz mit dem Verlorenen, das sie „geliebt, gehaßt, geliebt, gehaßt", fand - „Es war ein Land" - 1993 sogar das Trio Fischer, Bartzsch und Demmler wieder zusammen.

Wo die Palmen sich verneigen
(City)

*E*inmal wissen: City klagt noch immer... Ob bei Regen, Farbenschmelz oder Kerzenschimmer - wenn Georgi „Joro" Gogows Geige furios zum Intermezzo ansetzt, lauschen auch heute Tausende Fans „Am Fenster". Nanei-nei-nei, nanei-nanei-nei... Fliegen mit dem Song durch die Welt. Vom Prenzlauer Berg bis nach Marokko. Weinen dort Tränen der Wiederhörensfreude. Spiel mir noch einmal das Lied vom traurigen Leinwand-Abschied: Casablanca - der Krahl goes by... Schade nur, daß Kultregisseur Michael Curtiz damals, vor über fünfzig Jahren, Toni Krahls berühmten 77er Rocktitel noch nicht kannte. Sonst hätte er sein filmisches Meisterwerk in „Casablanca-City" umgetauft. Und Ingrid Bergman wäre, endlich Trost findend, von Humphrey Bogart zum Rock'n'Roll übergelaufen. Nanei-nei-nei, nanei-nanei-nei...

Der Text zu Citys „Fenster"-Ballade, eine der schönsten Zigeunerweisen ostdeutscher Nation, entfloß der poetischen Gänsefeder von Hildegard Maria Rauchfuß. Die aus Breslau stammende schreibende Chansonette hatte sich nicht in ihren kühnsten Romanen träumen lassen, eines Tages durch die Herren Puppel, Gogow, Selmke, Krahl an die Spitze der Rock'n'Roll-Hitparaden katapultiert zu werden. Ihre Verse wirken dunkel genug, um sich mühelos mit Gogows Balkanfolklore zu vereinigen. So bedurften die Worte nur noch Toni Krahls kratzig-melancholischer Mundart, um auch vom letzten City-Fan, zwar nicht verstanden, wohl aber bewundert zu werden. Nanei-nei-nei, nanei-nanei-nei...

Unverzüglich meldete sich DEFA-Regisseur Heiner Carow, um ein wenig vom schäumenden City-Ruhm abzuschöpfen. Wählte

„Am Fenster" als Untermalung für seinen rauhen Kino-Hit „Bis daß der Tod euch scheidet". Infolge dieser Zusammenarbeit fiel es der Band zunehmend schwerer, zwischen Film und Wirklichkeit zu unterscheiden. Ob in „Casablanca", in der „Cinema Hall" oder vor der „Pfefferminzhimmel"-Leinwand - immer war man im Kino und wollte doch „ganz woanders sein". Wie nebenbei haben die vier, wo sie auftraten, den Alltag kräftig aufgewühlt. „Wand an Wand" mit der realexistierenden Wohnungsnot. Auf Du und Du mit dem „King vom Prenzlauer Berg". Aggressiv und unangepaßt, spielte sich City selbst zum Außenseiter. „Halb und halb" von Wut und Spott zerrissen: „Im halben Land und der zerschnittenen Stadt, / halbwegs zufrieden mit dem, was man hat."

Dies schien den verantwortlichen DDR-Unterhaltungsfunktionären eine Hälfte zu wenig. Kurz vor Citys größtem Auftritt, 1987 vor über hunderttausend Fans in Berlin-Weißensee, nahmen sie den Bandleader in die Pflicht: „Toni, det singste nich." Toni Krahl gehorchte nur halb und sagte von der Bühne herab den Text auf.

Citys Beitrag zur Berlin-Initiative („Z.B. Susanne") kam spät und glänzte, statt in den Farben der DDR, „grau und weiß vom Taubendreck". Dafür könnte der Song heute noch jedes hauptstädtische Anti-Olympia-Konzert eröffnen. Der Moped-„Meister aller Klassen" hingegen müßte um einige PS nachgerüstet werden. „Love You" dokumentiert eindrucksvoll Toni Krahls Fortschritte im Fremdsprachenunterricht (die Band bereitete sich damals intensiv auf eine England-Tournee vor). Früher als andere ahnten die vier Kintopp-Verehrer den Verlust schöner Leinwandblumen und fragten: „Sag mir, wo Marlene ist". Zehn Jahre später braucht sich City-Sänger Krahl um den eigenen Verbleib nicht länger zu sorgen. Aus langem „Glastraum" erwacht, sucht er, unterstützt von seiner alten Crew, dem Seeräuber-Look zum Comeback zu verhelfen. Dabei sind dem Kopftuchträger alle Enterhaken recht. Mit Rock und

Charme lockt er sein Publikum, mit der Polaroidkamera hält er es fest: „Damit ihr nach der nächsten Wende nicht wieder sagen könnt, ihr seid nicht dabeigewesen..." Die Resonanz ist überwältigend: Knips uns noch einmal, Toni, again and again! As time goes by...

Sind genug Filme belichtet, will die City-Crew eines Tages selbst in die Gondel steigen, um ihrem Sound „Bis ans Ende der Welt" zu folgen. Dorthin, wo zwischen Hollywood, Prenzlauer Berg und Casablanca unter Purpursonne und Palmen die Leinwandhelden schon selig schunkeln: Nanei-nei-nei, nanei-nanei-nei...

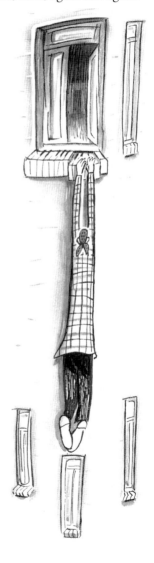

Hallo Sonnentau, hallo Licht!
(Holger Biege)

Hatten wir vergessen, was einst ein großer Dichter sagte? Pflanz' einen Baum, schreib' ein Buch, zeug' einen Sohn. Und höre den Holger Biege: „Kann schon sein, ich bin ein Sänger, / doch ich bin bestimmt nur ein gar schlechter Clown..." Wie auch immer, ein Wiederhören mit dem Sänger-Texter-Komponisten Holger Biege, der 1983, nach seinem Entscheidungsspiel im Westen, keine Gelegenheit mehr fand, sich von seinem DDR-Publikum zu verabschieden, gedeiht heute rasch zum Feucht-Biegetop: „Als der Regen niederging" - schon plätschern, im Vier-Jahreszeiten-Rhythmus, die altvertrauten Lieder: „Bleib doch", „Will alles wagen", „Robinson", „Wenn der Abend kommt"... Aller „Reichtum der Welt" in zweieinhalb Stunden. Und mit der vierten Zugabe schließlich finden sich unsere Liebe und sein Lied. „Gott segne die Kinder vor der großen Flut", bittet der Heimkehrer und öffnet die letzten Piano-Schleusen: „Laß es gießen, laß es gießen, / bis die Gullis überfließen...!" Oh Holger Noah, welch archaischer Überguß, doch baden wir auch morgen noch?

Im Anfang war die Harmonie. Als seine Töne laufen lernten, wünschte sich der Greifswälder Sängerknabe zum Klavier eine Musikerfamilie. „Vater, Mutter, Kind". „Laß uns Sonnenkinder sein", sprach er zu Bruder Gerd Christian und komponierte ihm „Das eigene Gesicht". Der nahm sich den Text zu Herzen und stieg am Schlagerhimmel auf. Ganz so sonnig strahlte Bruder Holger die eigene Sängerzukunft nicht. Er wählte die Arche und schipperte hinaus aufs offene Meer. Wollte nicht „funktionieren", lieber improvisieren. Schlingerte auf den Wogen der Widersprüche. Trank dabei manche Flasche leer bis auf den

Grund. So wurde aus Käptn Biege ein virtuoser Einzelkämpfer. Grenzgänger zwischen Rock, Chanson und Schlager. Aber auch Gratwanderer zwischen Poesie und Biopop. Ein Robinson mit unverwechselbarem Hang zu elegischen Inseln. Sänger des Sonnenuntergangs, des Sauren Regens und der suchenden Kinder. Göttinnenanbeter: Jessy, Marie, Eva und Annabell. Grundthema und -trauma: Von der Geburt und der Verbiegung des Menschen.

In seinem Zorn über die Uneinsichtigkeit der Welt haut Bruder Holger hin und wieder auch mal neben die Tasten. Begehrt auf gegen Umweltsünde und chronische Kehlkopfentzündung, die er in Konzertpausen mit Nikotin betäubt. Läßt aber nicht ab vom Singen und Rauchen. „Will alles wagen, / will alles sagen, / will mein Leben leben bis zum Grund..." Mit nostalgischen Reizsongs, made bei Club und Karo, und kehligen Akkorden auf Biegen und Brechen. Auch der bundesdeutsche Liedschatz, entstanden seit 1983 im Hamburgischen Nordwesten, verfehlt seine Wirkung nicht. Angerauhte Weisen zwischen Zweifel und Zuversicht, euphorisch unterbrochen vom 89er Wende-Song: „Keine Zeit für große Reden, / keine Zeit für wenig Mut..."

Mehr oder weniger viel Zeit bleibt heute für unerfüllte Hoffnung. Dichterträume, trotzig in den Sund gesetzt. Oder Grenzgängers Abendlandlied: „Liebe Freiheit, gute Nacht". Nach zehnjähriger Odyssee fand Holger Biege 1993 heim nach Berlin-Pankow. Und wo baden seine Kinder? - Im „Sonnenmeer". „Hallo Sonnentau", singt Bruder Holger, „hallo Licht!"

Wir saßen so ölig beisammen...
(DEKAdance)

*E*s waren einmal vier Beatles. Die standen so schmuck gebügelt auf der Bühne, daß man sie mit Highschoolern verwechselte. High wurden sie aber erst später. Als sie in den frühen Sechzigern ihren bedeutungsschwangeren Hit „Yeah, Yeah, Yeah" landeten, fielen in Liverpool alle dreizehnjährigen Mädchen in Ohnmacht...

Nein, anders: Es ist eine Band, die hört auf den Namen DEKAdance (Verwechslungen mit ähnlichklingenden sozialismusfeindlichen Kunstrichtungen sind willkommen). Wo sie sich ansagt, sammelt sich vergnügungssüchtiges Volk und kreischt beim Anblick der seltsam schlipsigen, schrägehäkelten Bühnenvögel. Sieben Sachsen machen nämlich einen kleinen Fanfarenzug. Sie sehen aus wie Jazzer, bewegen sich wie Rapper und spielen ein bißchen Rock wie die Roller. Die Publikumsbegeisterung wächst diametral zur Entfaltung ihrer Stimmbänder. Je heftiger die Jungs in ihre Blechinstrumente stoßen, desto schneller kommen die Fans zu Stuhle...

Auch nicht gerade erbaulich. Besser: Neulich wiederbegegneten mir in Jena die berüchtigten DEKAdancer. Ich hatte sie schon in Leipzig nicht verstanden. Sie kommen wohl aus Döbeln und haben, weil sie so gerne pöbeln, überall ein Heimspiel. Vorher erklären sie ihrem Fanblock noch rasch die Regeln: Immer wenn Hansi (das sei der junge Herr in Smoking und mit Geige) dort oben einen Hüpfer hupft und „Hallo Jena!" ruft, müssen wir hier unten die Arme hochreißen und „Hallo Hansi!" erwidern. Das klappt im zweiten Anlauf fast wie in der Bundesliga. Mit dem Effekt, daß die da oben sich für uns hier unten mächtig ins Zeug legen und jeden durchgespielten Titel feiern wie ein frisch erzieltes Eigentor. Manchmal klatschen sie einander ab, als würde jeden Moment eine Auswechslung vollzogen. Aber dann will nie jemand vom Platz...

Nun, ich weiß nicht. Ihre Bewegungen sind so fahrig. Der Ober-DEKAdancer zum Beispiel (das ist das lustige Gardistenblut mit den roten Haaren) hat Ähnlichkeit mit meiner Tante. Die schwafelt, ohne etwas zu sagen. Geschweige denn zu überlegen. Wie bitte? - Ja, ja. Hallo Hansi!

Schon gut, die Jungs reden ja auch mehr zu ihren Trompeten, nicht wahr? Blasen und bluesen so schön. Und immer, wenn sie nicht mehr weiterwissen, behaupten sie: Jetzt machen wir einen Rap. Dann werden, quer zum Notenblatt, die unschuldigen Instrumente verprügelt. Frei nach der Melodei „Wir saßen so ölig beisammen..." Einmal klang doch - Hallo Hansi! - Marcs Gitarre beinah so vertraut wie ein Biotop Laubfrösche unmittelbar vorm Laichen. Aber ich schweife ab. Jemand, der mehr davon zu verstehen glaubt, als ich immer wieder vorgebe, versicherte mir, die Truppe sei „musikalisch solide". Nun, dann braucht solch ein Konzert ja wirklich niemandem peinlich zu sein. Oder was meint Hansi?

Wie bitte? Da waren einmal vier Beatles...? Ach. Und früher hätten sie, wenn sie sich schon nicht zu benehmen wußten, wenigstens noch ordentlich gesungen...? Ja, früher. „The times they are a-changin'", nicht wahr, Hansi. Irgendwas muß Daddy Dylan mit diesem Satz doch schließlich gemeint haben. - Hallo Bobby!

Seemannsbraut liegt im Klee
(Hans-Eckardt Wenzel)

Weggefährten munkeln, der Ostberliner Liedermacher Hans-Eckardt Wenzel sei schon mit langem, strähnigem Haar in einem Nest namens Schmuggerow nahe Brecht auf ein fertiges Weltbild gekommen, um es vollmundig zu beklagen. Ein entfernter Wanderonkel des Knaben hieß Heinrich Heine, ein später Taufpate Theodor Kramer. Anhänger der Schifferei führen dagegen des Sängers Leidenschaft für alles Maritime (Gerstensaft inbegriffen) ins Kornfeld. Wenzel, behaupten sie, sei in Wahrheit ein Seemannsbalg, der schon früh die Verbindung zum Meer verloren hätte; er selbst nenne den Schiffermatrosen Hans Albers seinen Übervater und könne den Abschied der Mannschaft vom Eisenstein-Kommunismus nicht verwinden. Nun tröste sich der aufs Land Verworfene mit seinem väterlichen Erbe, dem Akkordeon: „Oje, oje, Seemannsbraut liegt im Klee."

Damit eines Tages nicht auch noch das Wiesenmeer verduftet, hat Hans-Eckardt schon mal „Antrag auf Verlängerung des Monats August" gestellt, ein dokumentierter Vorgang, der von Literaturwissenschaftlern gern als Gedichtbuch fehlinterpretiert wird. Vielmehr ist zu konstatieren, daß Wenzel als lumpenproletarisches Vorbild zahlloser Schweriner Poetenseminaristen stets ein Verbindungsstück zwischen der abstrakt-optimistischen Bewegung und seinen Schmuggerower Liegenschaften suchte. Manchmal half auch ein subversiver Tunnelgang. Weil Hans-Eckardt nie in Richtung Deutsche Bundesbank grub, würden ihn Opportunisten von heute gern als Systemtreuen von gestern etikettieren. Vorgestern wäre ihm lieber. Die Tatsache nämlich, daß es noch immer keinen Berliner Wenzelplatz gibt, ist allein aus der Farbe seines ersten Gedichtbands, „Wilder Mohn", zu erklären.

Der blühte rot. Und als „Karls Enkel" manifestierte sich Hans-Eckardt in einer gleichlautenden Liedtheater-Kommune, die unter Honeckers strengen, doch immer kurzsichtigen Blicken als Operngespenst mit Hammer und Sichel umging. Als im Osten nichts mehr ging, nannte sich Wenzel We und brannte mit Me, seinem Busenclown (der unter dem Pseudonym Steffen Mensching Gedichte, Bücher, Filme, neuerdings wieder Theater macht), durch, um das „Letzte aus der DaDaeR", nämlich seinen melancholischen Spott, zu retten.

Beide, Me und der Spott, blieben We treue Begleiter auf vielen Clownstheater-Tourneen durch Buna, Leuna, Bitterfeld, Tübingen und andere kulturelle Zentren. Fernreisen unternimmt Wenzel lieber im Kopf, da sind die Kilometer unbegrenzt und die Spesen niedriger. Doch wohin er sich auch wendet, immer rauschen ihm die verlorene Kindheit und Zukunft nach: in seekranken Bierträumen (Shantys genannt). Wen wundert's, daß Wenzel-Konzerte bei „Voll Mond" stets ausufern und nur kurz zum Wasserlassen unterbrochen werden. Ein ökobiologischer Liederkreislauf, möchte man meinen, zwischen Hirn und Harn. Aber auch vom Niederen zum Höheren. Immerhin läßt sich in Wenzels musikalischem Kleegang der zivilisatorische Fortschritt nachweisen: Was Hans Albers die Ente, ist Hans-Eckart die Enterprise.

Nachwort

Ein Thüringer in New York? Vor 1989 nahezu undenkbar. Im Herbst 1994 flog ein Kulturredakteur unserer Zeitung mit der Lufthansa über den Großen Teich. Seine Impressionen vom achttägigen Aufenthalt in Manhattan füllten fünf Reportagefolgen. Was einem ehemals vom Westen geprägten Chefredakteur auffällt: der einzige „Ossi" im Journalisten-Reiseteam nahm die Megastadt anders wahr - weniger routiniert, gar nicht ehrfurchtsvoll, mitunter spöttisch, aber mit neugierigem Staunen. Kürze und Oberflächlichkeit der Begegnung reflektierend, verwandelt sich die Niederschrift leicht in eine „Münchhausener Mischung aus Fakten und Fiktion". Im Grunde war diese Reise für den Autor nur ein größerer Sprung auf dem Nachwende-Weg durch Deutschland, der mit so vielen Merkwürdigkeiten gepflastert ist; und so interessierte ihn der „Große Apfel" wohl hauptsächlich in seinen Reflexen auf den Garten der Provinz. Denn die deutsche, die ostdeutsche, die thüringische Provinz ist das eigentliche Thema des aus Geschichten, Satiren und Parodien bestehenden Bandes, und der Verfasser steht in allen Kapiteln zu seiner Herkunft.

Geschichten in einer Tageszeitung? Tatsächlich wurde die Mehrzahl der hier versammelten Texte - als Kolumne, Glosse, Feuilleton oder Reisebericht - ursprünglich für die Thüringische Landeszeitung (TLZ) geschrieben, einige entstanden für andere Publikationen oder werden hier zum erstenmal veröffentlicht. Selbst wenn manchmal noch der aktuelle Anstoß durchschimmert, die „Zeitungstexte" haben bei ihrer Bearbeitung eine literarische Metamorphose durchlaufen, wurden klangvoller, lakonischer, hintergründiger, erzählen ironisch von einer bewegten und aufregenden, mitunter absurden Zeit. Es ist wahr, daß in einer Zeitung, deren Geschäft die tagtägliche Aufbereitung von Nachrichten und Fakten ist, normalerweise ein Erzähler keinen Platz hat. Er könnte hier leicht in den Ruf eines Märchenonkels geraten oder würde, vom Zeitgeschehen zermahlen, schnell seinen poetischen Geist aushauchen. Aber möglicherweise - nein, ganz sicher und gerade deshalb - besteht im TLZ-Feuilleton Raum für geistvoll reflektierende Betrachtung, die sinnsuchend und orientierend wirkt, indem sie auf unterhaltsame Weise entschleiert und Zusammenhänge sichtbar macht. Oder anders gesagt: Es kann nicht schaden, wenn einer gegen den Strom schreibt, ein anderer gegen den Strich zeichnet und beide sich auch noch zusammenfinden.

Die Zeitung im Buchladen? Der Autor dieses, ohne seine Tätigkeit in der Thüringischen Landeszeitung undenkbaren Buches war vor seiner Redakteurszeit bereits Erzähler und Verfasser eines bescheidenen literarischen Werks. Seit 1991 hat er als Journalist wichtige Erfahrungen gesammelt, neue Widersprüche und Reibeflächen entdeckt und aus seiner täglichen Schreibnot eine Tugend gemacht. „Wir durchleben schnellesige Zeiten. Japsen dahin ohne epischen Atem", heißt es in einer Geschichte des Bandes. Vielleicht läßt sich sogar - und hier muß man die pfiffigen, treffsicheren und hintergründigen Karikaturen des TLZ-Zeichners Nel (Ioan Cozacu) gleichberechtigt mit einbeziehen - beim „Thüringer in New York" von einer fruchtbaren Wechselwirkung zwischen Tageszeitung und Buch sprechen: Die Zeitung gewinnt durch den feuilletonistisch-literarischen Charakter, das Buch lebt auf vom Zeitgeist und kommentiert ihn auf humorvolle, zuweilen bissige Weise.

Hans Hoffmeister

IMPRESSUM

© Copyright 1997 by RhinoVerlag
1. Auflage: Dezember 1997
Satz: RhinoVerlag
Druck: Druckhaus Gera
Lektor: Ulrich Völkel
Illustrationen: NEL - Ioan Cozacu
Gestaltung: Frank Naumann, AGD

RhinoVerlag Arnstadt & Weimar
D-99310 Arnstadt/Thüringen
Plauesche Str. 8, Telefon/Fax 03628 - 603345

ISBN 3-932081-25-0